Essi Paulamäki

Hieroja

Viljami Kähkönen

Viljami Kähkösen muotokuva

Seisoskellessaan kotitilansa nurkilla Kähkösen sielu sai
levätä. Rinnassa kyti kaipuu kauas Karjalaan, missä hän
ei ollut koskaan asunutkaan. Hämäläinen maisema oli
tuttu ja turvallinen, täynnä rakkaita ja yksityiskohdissaan
rikkaita muistoja. Lähes koko ikänsä Kähkönen oli näillä
vainioilla astellut. Raatanut ensin itsensä miltei hengiltä,
sittemmin löytänyt kutsumuksensa ja näki nyt perillisensä
jatkavan kättensä työtä. Kolmattakin polvea jo sai ihailla
miehiksi varttuneena, komeita nuorukaisia. Tuulen tuiver-
rus puissa, viljapellon heilimöinti ja kotirannan tyrskyt oli-
vat kaikki aina yllätyksiä täynnä. Milloin sai kuulla karhun
juuri nähdyn, milloin sai viritellä supiloukkua, hirvikolareita
sattui tämän tästä.

Elämä ei muutoskehissään juurikaan antanut varaa hen-
gähdystaukoihin. Vaikka elämä puolison kanssa soljuikin
uomissaan, ympärillä oli kuohua jos jonkinlaista. Erityi-
sesti lasten elämän käänteet saivat miehen miettimään
nykymaailman menoa, ihmisen kärsimystä ja tuskan

määrää, oliko sillä rajoja. Toisaalta hän oli myös melkoinen veitikka, musikantti ja aina valmiina esiintymään. Kähkönen oli elementissään, kun pääsi estradille, tavalla tai toisella. Ihmisestä oppia olivat antaneet erityisesti vuodet ammattimuusikkona, kun ympäri maata kierrettiin tanssilavoja. Ihmisten humalassa toikkaroinneista ei ottanut välillä tolkkua. Ajoittain ihminen sai itsensä melkoiseen liemeen, mutta vielä se jaksoi huvittaakin. Aika vissiin jo kultasi muistoja.

Vaatimaton viitta seisoi tienposkessa varsin vilkkaan tien varrella: hieroja. Oltuaan parantajien opissa Viljami oli muokannut menetelmänsä yhdistellen erilaisia tekniikoita, kirjaimellisesti näppituntumalta. Länsimainen lääketiede sai hänet suuttumaan. Kiinalaisessa lääketieteessä oli viisautta ja ymmärrystä, silti sekin oli tiedettä ja kaukana tavallisen ihmisen järjenjuoksusta. Akupunktio ja vyöhyketerapia tuntuivat melkeinpä huijauksilta: aina löytyi vaivaa ja hoidettavaa useammaksi käynniksi asti. Rahastuksen maku häiritsi häntä syvästi. Kiropraktikot hän pisti luunmurskaajien kastiin.

Käsissään hän tunnusteli ihmisen kallonkin lihaksia ja

tunsi kehon pariinkin kertaan läpi käytyään, millaiseen muodonmuutokseen ihmisen keho joutui, kun lihaksien tekemät pinteet irrotettiin. Aina ei yksi kerta riittänyt, mutta silläkin saatiin melkein ihmeitä aikaan. Minkään valtakunnan parantajaksi Viljami ei voinut eikä halunnut itseään luokitella. Ajan kanssa hän oli saavuttanut ymmärryksen, että ihmiset itse tuottavat sairautensa ja vaivansa tavalla tai toisella, joten he itse voivat ne myös parantaa – saatuaan siihen sykäyksen. Ihmiset ajattelivat liikaa, joivat liikaa, söivät liikaa ja kaikkea liikaa. Missään ei tuntunut olevan kohtuutta eikä määrää – mutta sitä ei auttanut sanoa.

Asiakasta piti huumorilla herätellä, toisaalta kuunnella syvällä ymmärryksellä ja hellin käsin saada kiinnostumaan omasta itsestään. Terve rakkaus itseään kohtaan, itsestä huolenpito olivat avaimet läheisiin ihmissuhteisiinkin. Siihen, että osaisi pitää toisesta huolta, tarvittiin ennen kaikkea sitä, että osaa pitää huolta itsestään eikä tarvitse puolustautua, jolloin yhteys toiseen säilyy avoinna.

Ihmiset yleensä tuntuivat olevan harhateillä. Milloin miellytettiin vanhempia, ystäviä, puolisoita, rakastajia tai kunnan viskaaleita tai verokarhua niin, että oma terveys kärsi. Rajojen veto itsen ja toisen välille, se on elämässä kaikkein vaikeinta se. Missä itse alkaa ja toinen jatkuu, missä menee oma mitta ja määrä, ettei vain hilpase virstaa väärää ja asetu vaaksaa vaaralle. Askeettinen meno miellytti Kähköstä. Vähän tavaraa, vähän ruokaa, vähän rahaa, mutta niitä piti olla vain hengen pitimiksi. Sielun ravinnoksi syliä, tervettä suhdetta lähellä olevaan ihmiseen, aikuisten leikkiä – niitä ihminen tarvitsi.

Missään tapauksessa sielun ravinnoksi ei pitänyt tarjottaman uskontoa, ei, se syöksee ihmisen lammaslaumaan, kuuntelemaan herrojen määräyksiä ja tottelemaan orjallisesti toisten tahtoa. Kähkösen vapaus löytyi umpihangesta, kuten monen muunkin omaa tietään kulkevan supisuomalaisen. Siellä on turva, suuntaa saa muuttaa koska itsestä siltä tuntuu ja maisemia sai pysähtyä katsomaan, jos halusi, tai sitten jatkaa matkaa, jos huvitti. Mielenmaiseman sai kuitenkin pitää omanaan, vailla ehtoja tai kysymyksiä.

Perusturvaa ihminen kaipasi. Lähellä rakasta, johon saattoi luottaa, sen turvan löysi. Ihmisellä oli kuitenkin pelko olla alastomana paratiisissa, aina löytyi jotain mitä peitellä ja aina löytyi jotakin, mitä hävetä. Se syvään ihmiseen juurrettu nöyryytys ja vääryyden tunto oli sellaista, mistä piti irrottautua. Asiat ja ihmiset hän oli iän ja kokemuksen myötä oppinut ottamaan sellaisina, kuin ne ja he olivat. Kaikilla oli alastomia ja tulessa palamattomia totuuksia, niin hyvässä kuin pahassakin. Luottaessa toisiin kanssakulkijoihin saattoi päästää irti siitä alastomuuden pelostaan.

Viljami oli saanut tuntea nahoissaan sen, kuinka häntä pelättiin, hän tiesi vaistonvaraisesti ihmisistä paljon sellaista, mitä ihmiset eivät halunneet paljastaa. Se oli tietoa, jota piti käyttää kunnioituksella ja johon tuli suhtautua lämmöllä. Ihmiset kiristivät ja kuristivat itseään joka suuntaan muutenkin, joten tarvittiin armollisuutta ja joustonvaraa edes jostain suunnasta. Ei kenenkään onnistuminen tai paraneminen ollut Viljamilta pois missään suhteessa. Kyllä niin oli, että hoitamalla työnsä hyvin ja kohtaamalla asiakkaansa kaikella kunnioituksella saavutti sitten luottomiehen maineen. Asiakkaat äänestivät jaloillaan ja ovi kävi. Jos hän olisi käynyt kerskumaan ja juoruilemaan tie-donjyvillään, kyllä siitä olisi saanut kalliisti maksaa.

Kähköstä miellytti hengen ja ruumiin rajoittaminen rak-kaudella. Hurmokset ja hurahuhhaat saivat olon vaivautu-neiksi, missä oli terve kunnioitus elämää ja luontoa koh-taan, yhteiskunnan peruspilareita? Kyllä toisaalta oli vai-keaa joillekin selittää, miksi tiesi ihmisten asioista luvatto-man paljon vaikkei hänelle olisi sanottu sanaakaan, mutta eipä sitä kaikille tarvinnut kaikkea niin selitelläkään, jos ei joku erehtynyt kyselemään.

"Vaikeneminen on kultaa" hän muistutti oppilaitaan tuon tuosta. "Kyllä se keho tuo sitten muutostarpeet pintaan kun on tuodakseen, ei se ole sinun tehtäväsi. Tulkitset kuitenkin innoissasi omiasi. Eikä kukaan ota kuitenkaan vastaan neuvoja, joita ei noudattaisi. Ihmisen täytyy ihan totta saada itse asiansa oivaltaa."

Viljami ei ollut sanataiteen miehiä, hän teki konkreettisesti ja lämmöllä sen, minkä taisi. Rakkauden olemusta hän mietti paljon pitkän elämänsä aikana. Mikä sitten oli rakkautta? Ihminen oli herkkä nimeämään rakkaudeksi kaiken, mikä tuntui erilaiselta, kuin miltä nyt tuntuu. Ehkä sellaistakin, mikä oli tuttua ja turvallista, saattoi nimetä rakkaudeksi. Senkin Viljami oli huomannut, että se oli sittenkin jotain, mitä ihmiset eniten pelkäsivät. Rakkaus toi tielle väistämättömiä muutoksia, rakkaus pakotti elämässä eteenpäin ja se taisi joskus olla aika armotonkin vaatiessaan ihmistä kohtaamaan itsensä.

Oli helpompaa syödä se possumunkki, kuin ajatella kolesteroliaan. Oli helpompaa mennä punttisalille itseään rääkkäämään, kuin hyväksyä itsensä suloineen kaikkineen. Oli helpompaa saada nyrkistä tai sanallista piiskaa joka päivä, kuin ottaa vastaan hellää kosketusta. Ihan kuin se hellyys satuttaisi sitä nyrkkiä enemmän. Ihan, kuin jokin mätivän haavan aukaisu, huuhtelu ja paraneminen olisi paljon suurempi piina, kuin se kipu ja jomotus, mitä haava piti kaiken aikaa yllä. Parempi kertarutina kuin ainainen kitinä, tuumi Kähkönen asiakkaitaan ehjemmiksi silitellessään.

Yhteydenpitoa

Aika ajoin Viljamille pyrki oppilaita. Hän edellytti, että jokin perustavanlaatuinen ymmärrys piti ihmisen kehosta olla, jotta onnistuisi tämä kokonaisuuden hahmottaminen. Hieroja piti opettaa pois hierojan otteista, nyt hänen pakeilleen pyrki tuttavankauppaa muuan yli-innokas nuori nainen, jolla oli sentään anatomian opintoja hoiturikoulusta. Otteiden muutosta ei tarvinnut opettaa, mutta nuppiluussa piti tapahtua. Toisaalta Viljamin oman mestarin lääketieteellinen ymmärrys oli helpompi saattaa tälle naiselle tietoon, mutta ne ismit joista hän ei paljon perustanut, olivat tainneet sekoittaa naisen pään.

Viljami tuijotti tietokoneen ruudulta naisen pitkänlaista sepustusta siitä, kuinka oli hänen ovelleen löytänyt ja miksi toivoi opetusta. Ihan silmiä himersi ja päätä kivisti tuo turhan tiedon ja tarpeettoman haihattelun määrä. Jotakin sentään, olihan naisella jokin ymmärrys niistä tuntoaistimista, jotka käsissä piti olla, jotta työhön kykeni.

Hei Viljami,

soitin intuitiiviselle parantajalle alkukesästä saadakseni selvää, että mihin suuntaan pitäisi lähteä kun tiesin, että entiset kuviot käyvät ahtaaksi ammattimielessä. Häntä tuntui kovasti huvittavan tarpeeni mennä lääkikseen, ihmetteli mihin kaipaan konkretiaa lisää kun olen muutenkin kuin maahan naulattu. Asiaa hieman pohdiskeltuani tulin siihen tulokseen, että reiki on sekä aloittelijalle että aloittelijan hoidettaville turvallista. Sellaiselle kurssille olen menossa loppukesästä. Että sitten tupsahdit näköpiiriin, on jo ehdotonta bonusta. Jokin konkreettinen menetelmä kiinnostaa ihan siinä mielessä, että vaikka itse ymmärtäisikin henkistä puolta, sitä on vaikeaa saada läpi asiakkaille, jotka ovat verraten kauhuissaan kaikesta, mikä liittyy rajantakaiseen.

Esimerkiksi lasteni isä on jyrkkä kaikkien tarot- sun muiden hommieni kanssa. Aikeeni ryhtyä oppiisi hän jotenkuten hyväksyi, ehkä juuri konkretian takia ja myös siksi, että tuntee vetoa juuriisi maalaismiehenä. Jos minä olen konkreettinen asteella puu, hän on sitä sitten asteella kivi. Vertaisesi mestarin löytyminen on kuitenkin kiven takana ja koen todella, että olen onnekas päästessäni oppiisi.

Shamanismista olen lukenut joitakin kirjoja, mutta varsinaisesti en ole lähtenyt sitä toteuttamaan sen kummemmin, juuri se osasto ehkä kaipaisikin kaikkein selkeimmin opastusta. Olen ymmärtänyt, etteivät vainajat kaipaa ylimääräistä häirintää ja että ilman suunnistuskarttoja alisessa voi käydä köpelöstikin. Toisaalta monet noidan kehitykseen kuuluvat angstivaiheet, sosiaalisen erakoitumisen, mammonan hylkäämisen ja lujan henkisen sietokyvyn olen tähän mennessä jo kehittänyt vähän muista syistä.

Enneunia olen nähnyt oikeastaan hoitajakoulusta lähtien ja niitä pitkospuita edennyt tähän vaiheeseen. Aina minua vähän varoitetaan, että kohta pitää muuttaa kurssia ja vihjaistaan myös siitä, että mihin suuntaan lähteä. Tosin – itse pitää tehdä ajatustyö, että mistä on kiinnostunut ja mitä kaipailee. Eipähän tulisi syytettyä muita, että mitä elämästä on jäänyt vaille ja kokematta.

Jo esikoista vartoillessani ajattelin että haluaisin parantajaksi, mutta varsinaista parantajakurssia ei ole olemassakaan, että jotta pidempi prosessi tämä on ollut, kuin pelkkä mielleyhtymä tai päähänpisto. Kortit tulivat kuvaan

kun valmistuin, en saanut ajatuksiani niistä pois, nuorem-
man jälkeen laajensin tarot-kortteihin. Ne kun vetoavat
naisiin selvimmin ja niistä haetaan suuntaviivoja.

Töiden kautta olen kasvattanut aika laajan pohjan moniin
perustauteihin, vielä pitäisi oppia ne keholliset syy-seu-
raus -suhteet. Keho on ihmisille niin tärkeä alue ja kuiten-
kin se, missä kaikkinainen henkinen oireilu näkyy, joten
oikein odotan aikaansaamiasi mullistuksia ihmiskäsityk-
sessäni. Uskoisin, että harjoittelumateriaalia ja asiakas-
kuntaakin saa töiden kautta, kun monet seuraavat opis-
kelujani mielenkiinnolla. Läpi lyömisen ei pitäisi olla on-
gelma. Millaista veloitusta olet ajatellut?

Parhain terveisin,
Aurora

Ruutua tuijottaessaan Viljami laski hitaasti kymmeneen.
Reiki oli mahdoton työväline, eikä siitä seurannut hänen
nähdäkseen useimmiten ihmisille mitään erityisen hyvää.
Kyllä ihmiset ihan totta paranivat, kun antoivat siihen it-
selleen luvan. Sukupolvilta toisille siirtyvät taidot joko nä-

peissä olivat tai eivät, ja sen huomasi sitten paikalta poistuvista asiakkaista, kuka on puoskari työssä ja kuka ei. Hänen pitäisi tavata tämä virkaintoinen nuori nainen, ennen kuin voisi edes vastata, voiko hän tätä tosiaan opettaa. Taidot kun periaatteessa ovat kaikissa parantajan tiellä kulkevilla jo olemassa, ne piti vain herätellä ja saada ihminen tekemään oivalluksia.

Työ olisi raskasta, kestäisikö naisella kantti? Entä osaisiko tämä tarjota hoidettavilleen rauhaa ja tilaisuutta parantua. Viljami ei tosiaan paljon puhellut hoitojen aikana. Ja ehkä naisenkin olisi hyvä kokea hoito ensin itse, että osaisi sanoa, haluaisiko tämä sitten lopulta hierojan työtä tehdä vai ei.

Parahin Aurora,

tänään kaksi naista, "opetuslapsia" pehmitetty kunnolla. Kyselit opetuksen hinnasta. En ota opetuksesta rahaa, mutta teen varmaan 1 ½ tunnin hoidon, että tunnet tehon. Siitä sitten veloittaisin 60€. Se opetus voidaan tehdä myös hoidon ohessa keskustellen. Niin eka päivä kuluisi melko nopeaan. Puhun ja kaivan yhtäaikaa..!! Aloittelin

*itse ns. henkiparannuksella. Rentoutin hartioita kevyellä
kosketuksella. Tupakanhimon sain muutamilta pois. Nyt
vain liian syömisen poistaminen on tärkein parannus-
keino! Täytyy puhua syömisestä vähän eri tavalla kuin
yleisesti hyväksytty lääketieteellinen käsitys. YHL-käsitys,
niinkuin lääkäri Loikkanen sanoo.*

*Kyllä meillä juttua piisaa. Tiedän eri hoitotavoista melko
paljon. Opetus oli monipuolista. Shamanismia ym. Hel-
pottaa. Siitä reikistä haluan sinua kuitenkin varoittaa, se
ei ole aivan yksinkertainen asia ja toivon, ettei sitä jat-
kossa liitettäisi minuun millään tavoin. Olen nähnyt, että
se ei aina vie poluilla ihan suoraan tai parhaaseen mah-
dolliseen loppuun. Kuuntele vaistojasi, ne tietävät kyllä,
kuinka toimia.*

*Miestäkin hoidettuna tänään, yksi mitalimies, rahamies ja
hulluuteen saakka työmies. Mielelläni aloittaisin niin pian
kuin mahdollista. Opin itsekin eniten luennoista, ja kysel-
tiin paljon. Lääkäri Loikkanen oppi meiltä myös, kun ei
kaikki mennytkään suoraan meihin läpi. Sinulla on sellai-
sia taitoja, joita minulla ei ole. Sekin kiinnostaa. Täytyy
antaa saadakseen jotain..!! Mutu-tuntuma on hyvä ja*

*eteenpäin menet kuin mummo lumessa. Voit soitellakin,
mieluiten illalla.*

*Vain oppipoika. En ole kyllä mikään mestari! On vaikea
sanoa etukäteen, miten pian kukakin oppii. Paljon riippuu
valmiina olevista kyvyistä. Jos on herkkä tuntemaan, pää-
see äkkiä kiinni. Anatomian kirjana Netterin Atlas of ana-
tomi. Kyllä päivässä saa selvän alun. Ukkonen kiusailee
yhteyksiä, mietippä asiaa,*

Viljami

Tekstinsä Viljami luki moneen kertaan uudestaan. Hyvin
sen takana saattoi seistä. Opettaminen tapahtuu sanatto-
mastikin, monet vanhanajan mestarit eivät edes kerto-
neet mitään asioita, ne piti oppia tosiaan tuntemaan. Kai-
kille asioille tai ilmiöille ei ollut edes sanoja. Mutta kyllä
aika ja Siperia tuota tyttöä vielä monen kertaan kouluttai-
sivat, hänen ei tarvitsisi tehdä muuta, kuin saattaa nainen
matkaan. Kyllä olisi mutkia tiedossa vielä monta.

Kanssakäymisen jalo taito

Toimiessaan moninaisilla aloilla ihmisten kanssa Viljami oli omimmillaan. Karjalaisen lupsakalla ja hurtilla huumorilla hän sai ihmisten kanssa keskustelua aikaiseksi, small talk onnistui ja luonnistui häneltä huomaamatta. Osaamisesta oli hyötyä varsinkin, kun pääsi opetustehtäviin. Ei saanut todellakaan olla liian hyökkäävä eikä toisaalta tyrkyttää asioita liian ponnekkaasti. Sellaisestakin oli etua, että sai ihmiset ikään kuin keksimään itse asiansa, että hän vain pikkuisen tönäisi ihmisiä ja pian ne ajatukset muuttuivat itseään hoitavaan suuntaan pikemminkin kuin tuhoavaan.

Eläinkunnassahan kommunikointi hoitui ilmein ja elein täysin vaistonvaraisesti. Sanat tekivät ihmiselle monta kertaa tepposet. Eläimet söivät, parittelivat, nukkuivat ja hoitivat poikasensa lajityypilleen ominaisin keinoin – eikä turhaa kinaa tai sananvaihtoa ollut puolisoiden tai työyhteisöjen kesken. Eläimet toimivat toisinaan laumoissaan, toisinaan olivat täysin opportunistisessa asemassa ja huolehtivat itsestään. Kähköstä kiinnosti, kuinka esimerkiksi joissain laumoissa elettiin pareina, kuten vaikka sudet. Alfapari piti koko laumaa kurissa ja vain alfanaaraalla oli lupa lisääntyä. Toisaalta karhuemo taas huolehti poikasensa yksin ja urokset elelivät erillään.

Lintumaailmassa urokset usein huolehtivat pesimisestä ja naaraat kävivät hakemassa ravintoa – kuten vaikka pingviineillä. Uroskarhut eivät huolehtineet poikasistaan lainkaan ja isälinnut huolehtivat sujuvasti kenties vieraankin uroksen poikasista, pesivät ja hakivat ruokaa tasapuolisesti naaraan kanssa. Ehkä toteemiajattelussa oli jonkinlaista viisautta – eivät kaikki ihmiset pystyneet aina samanlaiseen parinmuodostukseen verrattuna toisiinsa.

Oltuaan tekemisissä ihmisten kanssa ja kuultuaan monenlaisia tarinoita taipaleista, Kähköselle oli muodostunut käsitys myös siitä, että ihmiset voimakkaasti opettivat toinen toistaan tässä elämässä. Itse hän kaipasi parisuhteen tuomaa turvaa ja arvosti avioliiton tukemaa maailmanjärjestystä, mutta toisaalta ymmärsi senkin, että ihmisten kohtaamiset olivat merkityksellisiä ja ihmiset tarjosivat toisilleen opetuksia tämän tästä.

Kaikki se, mitä ihminen itsestään ajattelee, heijastuu kaikella tavalla myös muihin ihmissuhteisiin. Jos ajattelee itsestään nurjasti ja katkerasti, myös muut ihmiset tuovat tämän sisäisen keskustelun ilmi. Salaisuus on sen ketjun ymmärtämisessä, minkä jälkeen nämä ihmiset nimittäin kaikkoavat elämästä, kun se oma pään sisäinen jäkätys saadaan ruotuun.

Nojaillessaan eräänä aurinkoisena kevätpäivänä ostoskärryyn törmäsi hän tuttavaansa, joka oli kantanut pitkään huolta tyttärestään ja tämän ankarasta opista koulukiusaamisen kurimuksessa. Jokin tässä naisessa oli muuttunut, rauha oli laskeutunut naisen olemukseen. Rouva tuli jutulle ja kun siinä kuulumisia vaihdettiin, kertoi huojentuneena tyttären voivan paremmin.

Masennuskierre oli katkennut ja tytär oli löytänyt mieleisiään töitä, lempikin leiskui ja hän sai jo haaveilla tulevansa mummiksi. Vielä pari vuotta taaksepäin tilanne oli vaikuttanut epätoivoiselta tyttären vietettyä pitkiä aikoja masennusten vuoksi sairaalassa.

Asiasta oli ollut puhetta kun nainen itse kävi Kähkösen hoidossa vasemman käden oireilujen sekä sydänvaivojen riivaamana. Kuinka ollakaan, nämäkin vaivat olivat poissa. Kun Kähkönen sitten tiedusteli, mitä oli tapahtunut käänteen aikaan saamiseksi, nainen jäsenteli ajatuksiaan vaiti.

"Kyllä se tytär jotenkin ymmärsi sitten vihdoin, ettei sitä ymmärrystä ja hyväksyntää ulkopuolelta saa. Hakkasi päätään seinään ensin kirkkonuorissa ja opintojen parissa ja lopulta työmaita vaihtaessaan totesi, ettei tämä muutu miksikään – aina törmää samoihin ongelmiin. Mikä lie itseapukirja sitten oli kun oli lamppu syttynyt, että täytyy itse välittää itsestään ensi sijassa ja vasta sen jälkeen muut sitä ajatusta seuraavat. Ei se ihan yhdessä yössä käynyt tietenkään, mutta kyllä nyt näyttää valoisalta." Viljami oli tavannut tyttären kuten muitakin kylän nuoria aikanaan oman tyttärensä kautta, ja oli aidosti hyvillään asioiden saamasta käänteestä.

Vaikka Viljami monessa suhteessa kampesi kirkkojen ja kuppikuntien opetuksia vastaan, näki hän myös viisautta ytimekkäästi tiivistetyssä rakkauden kaksoiskäskyssä.

"Rakasta lähimmäistäsi, niin kuin itseäsi" tuo käsky sanoi. Tasan sillä katkeruudella kuin kohtaa itsensä, kohtaa toisetkin. Tasan sillä lämmöllä, jolla antaa anteeksi itselleen ihmisyytensä, pystyy antamaan toisillekin pienet virheet anteeksi. Mitä ei pysty käsittelemään itsessään, ärsyttää toisissa.

Erästä oppilastaan hän tuli ajatelleeksi samassa yhteydessä – täsmälleen sama kaava hakea paikkaansa joukkioissa, joihin ei sopinut sitten millään. Sopeutumisyritykset erilaisiin hierarkioihin ja ajatusmalleihin vain hyväksyntää tavoitellakseen olivat tuhoon tuomittuja. Välttämättömiä opetuksia tässä elämässä kenties, mutta pitikö niitä kerta toisensa jälkeen toistaa, eikö pari kierrosta olisi riittänyt viiden sijasta? Onneksi oppilaskin ymmärsi umpihangen tuovan vapautta, jota tarvitsi siipiensä levittämiseen.

Tuokin prosessi oli vaatinut aika lailla, kirjeenvaihdossa oli tullut ilmi kuinka Viljamin opetukset muuttivat ajatukset sairastamisesta, tarkoituksista ja päämääristä eikä perinteiseen terveydenhuoltoon enää voinutkaan niin vain luottaa eikä sitä pystynyt allekirjoittamaan. Viljami hykerteli tyytyväisenä, että oppilapset ottivat onkeensa. Ja vaikka toisaalta kipuilikin prosessia oppilastensa keralla, hän tiesi, että maailman oli pikkuhiljaa muututtava ja että prosessi oli heidän omaksi parhaakseen. Erityisesti häntä miellytti nähdä ryhdin ja rauhan lisääntyminen oppilastensa elämässä.

Perinteisiin suomalaisiin periaatteisiin liittyi kunniallisuuden ja oikein tekemisen periaate. Suomalaiset seuraavat pitkälti omaa oikeudentajuaan ja sukujensa traditioita – joissain kohtaa syteen ja toisissa saveen. Kuitenkin omasta tahdostaan tietoiseksi tuleminen oli erittäin tärkeää. Ei voinut lammastella laumojen mukana ja lauleskella itselleen vieraita virsiä. Kun yhteisön väärän mallin tuoman ahdistuksen määrä pieneni oman tien löydyttyä, levollisuus ja rauha lisääntyivät. Oppilastensa kasvun ja kehityksensä seuraaminen oli Kähkösestä lähes yhtä mielekästä, kuin omien lasten kasvun seuraaminen.

Ajatteli hän myös entistä aikaa, kun naiset tekivät paljon työtä suurien lapsilaumojensa kanssa. Äidit ajettiin ahtaalle, vain harva koki täydellistä täyttymystä tiski- ja pyykkivuorten keskellä lapsilaumaa kaitsemassa. Ajatteli hän myös surulla niitäkin mökkiläisten tenavia, jotka mökkiin suljettiin siksi aikaa isompien lasten vastuulle kun vanhemmat lähtivät hakemaan tukkitöistä tienestiä päiväksi. Ei ollut lapsuudesta tietoakaan isommilla lapsilla, työtä vuorotta. Eikä pienemmillä sellaista määrää virikkeitä ja leluja kuin tämän päivän lapsilla. Mutta oliko elämä yhtään sen onnellisempaa.

Edelleen taistelivat naiset riittämättömyyden tunteidensa kanssa – lapset eivät saaneet huomiota riittävästi tai laadultaan naisen mielen mukaista, kun työ häiritsi ajattelua ja ajankäyttöä, tai toisaalta työ kärsi kun lapsi huolista kyti rinnassa. Ja kun lapset alkoivat käydä itsenäistymistaisteluitaan ja venytellä napanuoriaan, päästettiin ehkä liiankin helposti irti ja liian varhain, kun jälkikasvu vielä tarvitsikin rajoja sekä rakkautta. Äidit lepuuttivat hermojaan uusissa suhteissaan ja unohtivat tenavansa kaveripiirin vastuulle liian varhain. Saattoivat vanhemmat myös uppoutua suhdekiemuroihinsa, joihin eivät kuitenkaan voineet täysillä heittäytyä ja kostivat sitten tavalla tai toisella lapsilleen.

Kuunneltuaan asiakkaidensa katkeria tarinoita siitä, kuinka äidit osasivat tehdä lastensa elämästä kauheaa, Kähkönen siunasi itseään siitä, että oli säästynyt naisten hormonimyllerryksiltä saatuaan lähtökohtia jaettaessa munat jalkojensa väliin. Kuitenkin hän näki jälleen jatkumon siinä, että uhatuksi ja ahdistuneeksi tuntevat naiset usein kurmuuttivat lapsiaan kuin ukkosenjohdattimina, koska puolisoa harvoin kuitenkaan uskallettiin haastaa.

Joskin Kähkönen kuuli ja kuunteli tällöin myös sivulauseessa sanomattoman ahdistuksen siitä, ettei se toinen, turvallisempi, vanhempi suojellut näitä poikasiaan kuten olisi pitänyt. Usein se ongelmavanhempi oli näkyvä ongelma, mutta hylätyksi tulemisen pelossa tätä toista vanhempaa harvoin haastettiin. Onneksi nykyään ehkäisymenetelmät tekivät naisten elämästä helpompaa – hoidettavana oli sentään vain pari lasta entisen mallin mukaisen kymmenen lapsen kanssa.

Koska varsinkin kaupunkiyhteisöissä isillä ei ollut "ulkohommia" oli mahdollisuus nykyisien huolehtia jälkikasvustaan ja äideillä harrastaa, ottaa oma tilansa ja huolehtia itsestään niin, ettei nääntymisen astetta olisi välttämättä tarvinnut tulla. Mutta paljon oli vielä puhumisen vaikeuksia, roolimallien murroksia kun miehet eivät ihan uskaltaneet ottaa pingviini-isien lailla paikkaansa pesimisessä, vaan karhu-urostelivat omissa riennoissaan ja naiset hoitivat pesät yksistään. Vaikka kyllä se Kähkösenkin korviin oli kantautunut, että jotkut naiset, kuin matelijat tai hämähäkit, jättivät lapsensa taakseen taatakseen näille turvallisuutta kun eivät olleet saalistajia houkuttelemassa paikalla. Jotkut isät ottivat kuin ottivatkin paikkansa lapsistaan huolta kantaen.

Siinä kohtaa uusi maailma oli erilainen, kuin Kähkösen nuoruudessa, jolloin sisaren avioton lapsi sai osakseen kauheaa nöyryytystä, samoin kuin sisar. Ajat olivat totisesti muuttuneet. Toisaalta monissa eläinryhmissä miehet olivat omissa porukoissaan, kuten vaikka norsuilla, ja naisilla omat verkostonsa, kuten ketuilla. Joissain eläinryhmissä pidettiin tiivistä yhteyttä sukupolviketjujen kanssa, norsunaarat elivät matriarkaalisissa äiti-tytär -ryhmissä ja toisaalta karhut häätivät murrosikään tulleet pentunsa varsin raa'asti omille teilleen. Ihmiset tuntuivat noudattavan näitä kaavoja, mutta niissä ei oikein aina ollut logiikkaa, kuinka missäkin suvussa toimittiin.

Saapastellessaan kaupassa ostoskärryineen Viljami tarkasteli ohi kulkevien ihmisten ryhtiä ja kävelyä. Tarkkana ammattilaisena hän näki jo ihmisen asennosta, missä vika piileksi. Huolellinen anatomian tuntemus takasi sen, että hän tunsi erilaisten lihaskerrostumien pahimmat koukut, mitkä kerrokset väänsivät ihmisiä minkäkin sorttisiin asentoihin. Erästäkin pappaa joka puntaroi perunalaarilla ottaako Van Goghia vai Siikliä, hän arvioi kriittisesti, että issias taitaa vaivata.

Tomaatteja valitsemassa olevaa, kasvoiltaan kireää naista jonka poskipäät työntyivät ulos ja lihakset olivat painuneet kuopalle, hän arvioi myös. Nainen pureskeli hampaitaan stressin kourimana, jolloin niskan lihakset väänsivät päätä ja aiheuttivat ankaraa migreeniä. Vasen olkapääkin oli koholla ja vaikutti että myös lantion lihakset olivat koetuksella. Parisuhdeongelmia, hän summasi ja valitsi lihatiskistä ylen rasvaista possunkylkeä, jonka tiesi hyvin mureuttavan mukavasti pojan tuoman riistanpalan, kun sen uuniin sopivasti valmisteli ja possulla kuorrutti.

Kähkönen söi mielellään oman oppi-isänsä mukaan vält-
täen kuusi-hiili -ketjun mukaisia hiilihydraatteja, joihin po-
taatitkin lukeutuivat. Kukkakaali ja kesäkurpitsa olivat tut-
tuja lisäkkeitä hänen pöydässään. Matkan jatkuessa mai-
totiskille huomasi hän nuoren perheenäidin, joka työnsi
kärryissään paria lasta joilla oli korviasärkevä huuto
päällä. Naisen silmäpussit, luokalla oleva alaselkä ja su-
muinen katse saivat Viljamin huolissaan ajattelemaan,
että "tuokin tarvitsisi jonkun joka silittää".

Rakkaus ja hellyyden osoitukset mielessään Kähkönen
vaelsi kassalle, missä viehättävä kassaneiti käsitteli hä-
nen rahojaan ja Viljami kiinnitti oitis huomiota kynsiin,
joissa lakka ei peittänyt sinkin puutosoireita eikä hän
malttanut olla iskemättä silmää neidille, että sinkkikuuri
olisi paikallaan, mielellään magnesiumin kera. Tyttö pu-
nastui ja Viljami toivoi, että tämä noudattaisi neuvoa. Aja-
tukset siirtyivät näihin arkisiin viestintuojiin elämässä.

Työyhteisössä ja yksityiselämässä usein saa kuulla kai-
kenlaisia puolivillaisia persoonallisuusanalyysejä – osa
täydestä sydämestä hellyydellä ja rakkaudella annettuja,
osa taas maaliinsa haavoittaen osumaan tarkoitettuna ja

kipeää tehden. Usein ihmiset näkevät sinusta vain sen yhden siivun, jonka haluavat ja tahtovat nähdä. Joku ei näe ihmistä ollenkaan vaan kannattelee omaa illuusiotaan – ja toisinaan sitä sitten ottaa vastaan kaikenlaiset harhatkin kuin annettuna.

Ikävissään ihminen omaksuu sellaisia toimintamallejakin, jotka eivät edes itselle sovi, mutta hämmennyksen tilassa ne tulee sitten ottaneeksi omikseen – "kai mä sitten oon tommonen kun toi kerran niin sanoo". Sellainen välillä suututti ja välillä suretti Viljamia. Perinteeseen kuuluu myös toisaalta seisoa niin lujasti omassa voimassaan, etteivät toiset pääse horjuttamaan olemisen tukipilareita.

Toisaalta, monet eivät edes tunteneet näitä tolppiaan joilla seisoivat ja siten saivat muut niitä osumia maaliin uppoamaan. Ankarimmat ja toisaalta parhaimmat opettajat olivat juuri niitä vaikeimpia ihmisiä elämässä, jotka tuovat eteen omat häpeän, syyllisyyden ja pelkoon perustuvat kierteet, joista pitäisi pyrkiä pois. Kellä ne liittyivät kunniaan rahasta tai luotettavuudesta, kenellä asemaan yhteisössä, kenellä vanhempien tai sisarusten töhlöilyihin – kellä mihinkin.

Yleistä pahuutta tai hyvyyttä ei oikeastaan siten ollut-kaan, kun riittävän pitkälle asioitaan työsti – mestarit olivat niitä, jotka keskitysleirikokemukset, raiskaukset ja vaikeimmatkin menetykset Jobin lailla osasivat kääntää voitoikseen ja ottivat niistä opikseen. Rakkaus itseään kohtaan vaatii lujaa anteeksi antamisen tahtoa ja taitoa jättää menneet asiat taakseen, jolloin uusille haasteille ja voimille tulee elämässä sijansa.

Anteeksi ei voikaan antaa kevein ja helpoin perustein vaan sillä tavoin katkaistaan siteet niihin horjuttaneisiin ja vaikeisiin asioihin. Hankaluuksissa rypeminen kulutti enemmän energiaa kuin antoi. Kun katkaisi kierteet, kukaan ei enää voinut syyllistää, häpäistä tai pelotella. Omassa voimassa on turva, kunnia ja voima – ei mitään syytä ottaa itseensä ulkopuolisten ihmisten myötähäpeästä tai katkeruudesta. Silloin pääsee jatkamaan matkaansa levollisin mielin, on ehjä ja terveesti ylpeä itsestään.

Ajatusten vaihtoa

Aikansa kuluksi pasianssia pelannut Kähkönen virkisti mieltään käyden surffailemassa netissä, etsiskeli vanhoja tuttuja sekä ihmetteli nettiin laitetun tiedon määrää ja moninaisuutta. Kyllä oli ihmisillä päässään selvittelemistä, etteivät ihan kaikkea varauksetta vastaanottaisi. Viljamin mielessä rationaalinen kehollisuus ja arkirealiteetit olivat vastaansanomatonta todellisuutta, ja kaikenlaiset YHL:n määrittelemät hiilihydraattien minimimäärät suorastaan arveluttivat. Oma diabeteshoitaja oli vähän helisemässä hänen kanssaan, kun eihän sitä oikeastaan voinut kuunnella, kuinka ihminen puhui omaakin opetustaan vastaan.

Viljamia ihmetytti, missä kohtaa anatomian opetus meni hoitajien koulutuksessa pieleen. Maksan metabolia on monimutkaista ja lääkäri Loikkanen oli siihen uhrannut heidän koulutuksessaan paljon aikaa, että he sen asian oikein ymmärtäneet. Sen tietämyksen varassa hän aina silloin tällöin laitteli viestiä paikalliseen yleisönosastoon milloin mistäkin epäoikeudenmukaisuudesta ja surkutteli ihmisten tarvetta syödä suruunsa. Olisi niin helppoa ottaa se lähin ihminen ihan kainaloonsa ja helliä.

Sylillä parannettaisiin monet vaivat, että voisi olla rehellisesti se, joka on niille lähimmilleen, joiden keskellä eli.

Hän aisti sellaisen jännitteen ihmisten sisäisten ja ulkoisten todellisuuksien välillä, että tuntui suorastaan haaskaukselta kaikki se aika ja energia, minkä ihmiset käyttivät valehteluun omasta elämästään. Haaveilivat yhdestä, mutta elivät toista ja sitten jäyti viha ja katkeruus, kun muutamat uskalsivat elää siten, kuin oikeaksi näkivät.

Hänen oli oikeastaan vähän hymyiltävä tulevan oppilaansa innostukselle muuttaa maailmaa ja tehdä näkymättömät näkyviksi. Mitä se auttaisi, jos ihmiset olivat näkymättömiä itselleenkin? Jos ei kukaan oikein uskaltanut olla oma itsensä ja eleli kaapissa kuin homot pelkän rakkauden tarpeensa kanssa?

Kähköselläkin oli ristiriitaisia tunteita asiakkaidensa elämän valintoja kohtaan. Jokainen teki ne itse, eikä neuvoja ulkopuolelta kannattanut paljon antaa, ei niitä paljon kuitenkaan noudatettaisi. Parempi oli vain olla hiljainen hyväksyjä kaiken taustalla, sillä kaikilla oli polkunsa kuljettavanaan.

Hei taas, Viljami!

Reikistä sanoi eräs nainen, joka on itsekin kurssin käynyt, että se vaatii tietyllä tasolla paitsi kovaa treenausta, että johtimet pysyvät puhtaina. Että mitä enemmän reikiä välittää, sitä korkeampilaatuista energiaa virtaa ja sitä puhtaampaa on myös hoito, koska hoitaja oppii myös säätelemään sitä, ettei anna itseään mukaan. Toimii eräänlaisena nöyryysharjoituksena, ettei ala pitämään itseään minään huippuparantajana. Ehkä juuri sitäkin, mitä sanoit, ettei kukaan saa parannusta, ellei sitä itse kaipaa. Odotan uteliaana, että millaista se reiki sitten oikeastaan on. Loppujen lopuksi lähes kaikki ovat tähän mennessä puhuneet siitä, kuinka antoisaa se itselle on.

Olet siis toinen, joka uskaltaa haastaa käsityksen, ettei se olisikaan kovin turvallista ja helppoa. Otaksun kuitenkin, että sitä energiaa täytyy saada irti perusasioista kuten unesta, ravinnosta ja liikunnasta, eikä odottaa sitä ulkopuolelta. Ulkopuolelta on tietysti kaikenlaista lupa pyytää, mutta ehkä siihen ei tarvitse uhrata itseään ja toiveitaan,

vaan rakentaa itseään oman itsensä varaan. Hoitoraivo-
kin on asia erikseen. Hän myös peräänkuulutti sitä, että
omien akkujen ja suojausten on oltava kunnossa, ettei
joutuisi narsismin uhriksi.

Totta on myös, ettei kukaan ulkopuolinen voi auttaa sitä,
joka ei parantumista hae tai kaipaa ja kun se sisäinen ta-
sapaino ei löydy niillä ulkoisilla puitteilla, vaikka kuinka
haluaisi. Ja onhan se hyväksyttävä, että jotkut asiat täy-
tyy käydä läpi, joskus vasta vakavampi sairastuminen ha-
vahduttaa vaikka perhesuhteiden entraamiseen ja niin
edelleen.

Se intuitiivinen parantaja myös sanoi, että latautumiskei-
noja täytyy löytyä, koska mitään ei ole annettavissa, jos
ei osaa itseäänkään hoitaa ensi sijassa. Vanha totuushan
on, että vahvuuteenkin voi sairastua. En oikein edes
tiedä, mitä odottaa, utelias olen kuitenkin. Minkälaisia
sessioista muodostuu, jännittää. Paljon on varmasti opit-
tavaa, olet karismaattinen kaveri ja kokenut, tiedän sen.

Oletan, että suuntakin on sinulla selvillä, mihin olet minua
luotsaamassa. Itse kävit parivuotisen koulutuksen, en

oletakaan että tätä parissa päivässä opittaisiinkaan, koska oppiminen on aina prosessi ja kestää, vaikka olisi kuinka fiksu ja etevä. Ei ole vielä edes itselle selvää, mihin kaikkeen pystyisin ja sekin ehkä hiukan uteluttaa, että millainen retki tässä on tiedossa.

Olen nähnyt aika mielenkiintoisia uniakin tähän liittyen. Tuo shamanistinen puoli on todella mahtava juttu, mistä on haastavaa hankkia tietoa omin päin. Vierastan mitään porukoita tai ryhmittymiä, koska niiden sisäinen dynamiikka tekee minut useammin sairaaksi, kuin itse varsinainen aate.

Minulla on kyllä sellainen taito, että ihmiset huomaamattaan puhelevat minulle elämänsä asiat melko nopeasti, että lyhyestäkin kontaktista saan yleensä irti aika paljon tietoa. Uskoutumisen jälkeen kestääkin hetken, että uskaltavat olla yhteyksissä. Pelkäävät, että kertoilen heidän asioitaan eteenpäin, vaikkei se kuulukaan tapoihin.

Uskoisin, että sitä henkistä puolta saa vähän taktikoiden etenkin naisille puhutettua. Sikäli vastanottoluonteinen työ voisi olla vähän astetta mukavampaa, kun asiat "jäisivät sinne". Pidemmittä puheitta tällä kertaa, innostunein terveisin ja jatkoa kovasti odotellen,

Aurora

Johan oli naiselta taas tullut tekstiä. Kähköstä hiukan askarrutti naisen ajattelumaailma. Eihän hoidon aikana puhuminen oikein onnistuisi pidemmän päälle. Hoidettavat saivat enemmän irti siitä, että rentoutuivat ja uskalsivat heittäytyä tuntemuksiinsa. Jonkinlainen transsi se tila sitten kai on, mutta hoiti ihmistä sen kosketuksen ohella paremmin kuin mikään muu. Ikämiehen kolotukset ja vaivat olivat jo hänenkin kehoonsa pesiytyneet, ankara työ itseään säästämättä oli kyllä lyönyt merkkinsä mieheen. Silti sai olla hyvillään, kun jaksoi vielä omin avuin käyskennellä kotinurkissa, ei tarvittu keppejä tai muita apuvälineitä.

Toisessa ihmisessä oli myös turvaa, vaimon kanssa oli hyvä olla. Viljami näki liiaksikin ihmisillä hätää siitä, että oli paha olla mutta ei oikein saanut hännän päästä kiinni tai uskaltanut myöntää itselleen, miksi oli paha olla. Silti ihmisten piti sitä asiaa itse miettiä ja oivallustensa varassa tehdä ratkaisut. Ei mitään voi kenellekään ulkopuolelta antaa. Hän antoi ihmisille tilaisuuden rauhoittua ja kun se oravanpyörä hetkeksi pysähtyi, se oli hedelmällistä.

Viljami kuunteli paljon musiikkia radiosta, sanoitukset puhuttelivat häntäkin. Ihmiset juoksivat liiankin kanssa pakoon itseään ja tunteitaan – ja sitten kipu korvasi ystävän. No, ajallaan se nuori nainen sitten oppisi. Mikähän siinä on, että jotkut asiat piti oppia ihan kantapään kautta tai suorastaan kiipeämällä perä edellä mäntyyn? Sieltä mäntymetsästä Viljami itselleen voimaa haki, vei sinne honkien huminalle ja kuusten kuiskeeseen kipunsa, surunsa ja murheensa.

Viljami näki asian niin, että kun suomalainen kaipasi rippipappia, tämä meni hierojalle. Kun kaipasi kirkkoa, meni metsään. Mikään uskonto tai uskomusjärjestelmä ei antaisi koskaan turvaa, sillä ihmiset pilasivat hyvätkin aatteet. Ainoastaan omasta itsestään voisi löytää apua. Jokainen eli itse elämäänsä ja vaikutti itse asioihinsa, ke-

nenkään puolesta ei elämää voinut elää. Oli aika pelotta-
vaa, että monet antoivat tärkeät ratkaisunsa toisten tehtä-
väksi ja suorastaan tyrkyttivät sydämensä toisten rutistel-
tavaksi ja poljettaviksi.

Aurora hyvä,

tulipa sinulta taas pitkä vuodatus, ei se mitään pahaa ole.
Huomaan kuinka sinua kiinnostaa reikihoito. En varsinai-
sesti ole saanut siihen koulutusta, mutta olen saanut asi-
asta kokea paljon. On parempi kehittää omia asioita kuin
kuunnella muiden viisauksia. Ne on lähellä uskontoja ja
uskomuksia. Pitää ajatella omilla aivoillaan ja vastaanot-
taa tietoa ympäriltään, avaruudesta. Tieto on katoa-
matonta ja tapahtumat siellä, missä ne ovat tapahtuneet.
Pitää osata löytää.

Pidän tärkeänä ihmisten rentoutusta, sen osaan mieles-
täni hyvin. Sitä ehkä pystyn opettamaan sinullekin? Sillä
saa rahaa rehellisesti, ei millään uskottelulla. Kun ihmi-
nen rentoutuu, omat ajatukset pääsee valloilleen. Pelko
on paha ystävä, mutta toivossa helppo elää. En tarkoita

kristillistä toivoa, sitä en ainakaan kannusta puolusta-
maan.

Pian nähdään!

Viljami

Ammattiurheilu

Katsellessaan televisiosta kisoja Kähkönen pohti aina, pitäisikö ennemmin laittaa toosa kiinni. Urheilijoiden suoritukset pistivät silmään ikävästi, olihan hänen käsiensä lävitse soljunut jos jonkinnäköistä urheilijaa uran aikana – ja kaikki virheet tuntuivat suorastaan omissa jäsenissä. Haastatteluista hän sai aina kuulla, mitä kullekin urheilijalle kuului ja osasi jo venytysten pohjalta ennustaa, koska paukahtaa kyseiseltä urheilijalta polvi, tai toiselta selkä. Yleensä tieto tuli parin viikon sisällä ja suurta surua tuntien saikin sitten pudistella päätään. Niin hienot lajit, ja niin metsän mennään! Missä oli reilu urheiluhenki, yrittäminen ja kehon huolto!

Kaikkein eniten Viljamia nyppi, kun hän luki tai kuunteli haastattelun toisensa perään, kuinka tiukille urheilijat valmennuksella vedetään. Ihminen tarvitsee unta, herranen aika! Lepoa! Tasapuolista ruumiin harjoitusta. Viljami suorastaan kaipasi vanhanajan maatilan töitä, joissa kunto karttui vähitellen ja liikuntaa tuli huomaamattaan. Urheilu oli sitten hauskanpitoa, kun mentiin nuorukaisten kesken kentille kisaamaan päivän virkistykseksi, jos hiukan samalla tyttöjä riiustamaan, mikä taisi olla paras kimmoke mahtaviin suorituksiin. Se lysti juuri puuttui urheilijoilta tyystin.

Ilman lepoa, sen tiedettiin, kukaan ei jaksanut pitkään pelloilla raataa. Ilman lepoa ei ammattiurheilijankaan keho kestä. Vanhaan hyvään aikaan talvella levättiin tai tehtiin vähintäänkin toisen tyyppisiä tehtäviä, ei tarvinnut valvoa kellon ympäri kun kirveen heiluttaminen ei talvella tukkimetsässä pimeässä oikein kannattanut. Usein valmentajan ja urheilijan kehonkielestä jo aistii, että vuoropuhelu on hukassa, ohjeet tulevat ylhäältä alas eikä urheilija, taiteilija lajissaan itse, saa ääntään juurikaan kuuluviin, saa ilmaistuksi mikä on pielessä. Otsasuonet pullottaen, hartiat kumarassa painetaan kehään tai heittoareenalle kuin piiskatut Egyptin orjat.

Parhaiten edelleen urheilussa niin kuin muuallakin elämässä, tuntuivat pärjäävän ne, jotka hurrasivat jokaisen kaverin suoritusta, ottivat rennosti ja tekivät työstään leikkiä. Suomalaisten tosikkomaisuus pelikentillä torpedoi itse itsensä, hävitään sitten vaikka väkisin. Harmi vaan, ettei se marttyyrinkruunu niin kovin kirkkaana loista.

Ja harjoittelu! Tottuneen anatomian tarkkailijan silmään pistää parikin painajaista. Lihaksista näkee, että treenataan vain tiettyjä lihasryhmiä, toiset unohdetaan kokonaan. Pahimmoilleen vielä tosiaan toispuoleisesti, jolloin vaikkapa heittopuoli pullistelee ja toinen on lähes surkastuneen oloinen. Toispuoleisesti treenattu keho ei voi kestää sellaista rääkkiä. Ajatellessaan kaikkia niitä turhia leikkauksia, toimenpiteitä ja niistä seuraavia kiinnikkeitä Kähköstä suututti. Kunnon lihasmanipulaattoria maajoukkue tarvitsee valmentajan tueksi, eikä kirurgia.

Lisäksi moni hyväkroppainen kaveri on aivan väärässä lajissa! Kai se olisi urheilijan kehon rakenteen sekä lajin välinen suhde, mikä urheilijan tietä ohjaa? Kähkönen ähki ja puhki tuskissaan nojatuolissaan, eikä vähiten huonojen urheilutulosten takia. Hän näki sielunsa silmin urheilijat vanhuuden tuskissaan nivelleikkausjonoja kuormittamassa – eikä edes kovin vanhoina. Viljamin sormet suorastaan syyhysivät päästä urheilijoiden kimppuun, mutta tyytyi kirjoittelemaan yleisönosastoille karvaita viestejä, josko paikallinen nuoriso edes saisi parempaa valmennusta.

Unen tärkeys oli valjennut Viljamille jo nuorena miehenä. Stressi pakotti ihmisen sellaiselle kierteelle, jossa nukkuminen ei onnistunut. Suoritukset, tekemättä olevat työt, huoli läheisistä ja oma suunta panivat ihmiset pohtimaan asioitaan aivan liikaa ja sitten yöunet häiriintyivät. Pienten lasten äideillä hormonaalisista syistä uni katkesi melko usein pienten lasten käninöihin, mutta keski-ikäiset kaljan turvottamat kuorsaajat saivat syyttää keskivartalonsa vararengasta yöuniensa huonoudesta.

Kähkösen ajatusmaailmassa pieni, tarkoituksenmukainen liikunta pehmein keinoin, kuten kävellen tai tanssien, purki mukavasti huolia ja murheita ja antoi aivoille tilaa levätä, jotta sai uusia vinkkeleitä asioidensa selvittämiseen. Pieni ulkoilu paransi yöunen laatua tuntuvasti. Luonnon läheisyys rauhoitti ihmisiä, Kähkönen pohti mahtoiko puistokävely kuitenkaan tarjota samaa rentoutta kuin metsätaipaleella samoaminen, kun liikenteen melu häiritsi alitajuntaa ja kuormitti aivoja kaiken aikaa.

Vuorotyöläisiä hän sääli, ergonomiaa ei oikein noudatettu läheskään kaikissa paikoissa ja ihmisten elimistö onkin lujilla. Stressi vaikuttaa kuin keskitysleiri – ihminen on jatkuvassa viritys- ja hälytystilassa, ruoasta otetaan talteen kaikki ja varastoidaan, leposyke nousee ja pysyykin korkealla. Tilan pitkittyessä tilasta kärsivät verisuonet sekä sydän. Suolisto, haima ja maksakin saavat osansa. Monet kärsivät erilaisista jännityspäänsäryistä, migreeneistä ja tulehduksellisista sairauksista.

Stressikierteen katkaisuun Kähkösellä oli olemassa kyllä näennäisesti helppoja lääkkeitä. Sellaiset, kuten lomailu, töiden organisointi, läheisten ihmissuhteiden korjaaminen stressivapaalle tolalle ja riittävä, kevyt urheilu, luontoon ja nuotiolle vetäytyminen olivat hänen repertoaariaan. Ihminen itse ei aina halua elämäänsä muutosta. Monissa tapauksissa tuttu helvetti on parempi, kuin vieras paratiisi. Että tietäisi, mitä elämältään oikeasti haluaa, millaisten ihmisten ja millaisen työn parissa haluaa aikaansa viettää, vaatii liikaa monilta. Vasta äärimmäisessä hätätilassa ja pakotettuna joko pakenemaan tai taistelemaan, ihminen tuntui ottavan pakolliset askeleet kohti inhimillisempiä olosuhteita.

Monet kantoivat työt kotiin – rajanveto tuntui olevan vaikeaa varsinkin nyt, kun tietokoneilla työt kulkevat joka paikkaan. Ennen tehtaanpillin puhallettua työtakit jäivät narikkaan. Toisaalta vaikka pappi tai kunnanlääkäri olivat pappi tai kunnanlääkäri kellon ympäri. Ilmiö herätti pohdiskelemaan monenlaista. Mistä sitä saisikin ihmiselle jonkun tolkun siihen olemiseen? Mikä määrä stressiä on kullekin kohtuullista? Olosuhteita hiukan muuttamalla, jonkin osa-alueen keventäminen saattaa vaikuttaa dramaattisesti muihin osa-alueisiin. Perhe-elämässä vaikka töiden tasapuolisempi jakaminen saattaisi antaa pienten lasten vanhemmille sitä tarpeellista yhteistä hengähdysaikaa, tilaa jakaa hellyyttä ja aviovuodetta, jakaa vanhemmuutta ja tuoda parin yhteen kiireenkin keskellä.

Sairaus ja vamma toimivat usein urheilijoillakin viestintuojina – kun et kerran levännyt, paukahti se polvi. Tai kun et harjoitellut monipuolisesti, nyt se olkapää laukesi. Tai keuhkokuume kaataa vuoteeseen, kun alkaa liikaa ahdistaa. Stressiperäiset migreenit pakottivat monet paatuneet stressipeikot vuoteenomiksi. Sairauksista paljon kertoi Kähkösen harjaantuneeseen silmään sekä sairauden esiintymisalue, että sen laatu.

Kähkönen kaipasi sairauksien hoitoon enemmän inhimillistä kohtaamista – hänenkin asiakkaansa noin 85-prosenttisesti tiesivät vaivojensa syyt ja synnyt, mutta sairaudet puhkesivat kun keinot loppuivat kesken niitä syntyjä purkaa. Vaikeat ja rasittavat ihmissuhteet painoivat mieltä, kestämättömät työt ja työolosuhteet olivat monille tärkeitä vaikka tekivätkin sitten kehossa tuhojaan. Toisaalta Kähkönen ymmärsi, toisaalta ei.

Kaikki muu, koko maailma voi hajota ympäriltä aivan hetkessä. Ihmissuhteissa tapahtuu muutoksia, kun meiltä viedään puolisot, lapset ja vanhemmat kukin vuorollaan. Työstä joutuu jokainen luopumaan vuorollaan. Talot, maat ja mannut olivat vain maallista. Kaikki, mitä ihmisillä on, on ihminen itse. Keho, psyyke ja niiden terveys ovat kaikki kaikessa. Miksi tuhota terveytensä ja psyykensä rahan kustannuksella? Viestintuojan ampuminen oli pahinta kaikesta. Hoidetaan vaan tuo polvi kuntoon, ja unohdetaan sen vamman synty. Hoidetaan vaan se keuhkokuume, ei mennä lähelle sitä ihmistä ja kysytä, mikä sinua ahdistaa, kun olet sairastunut?

Ihmiset kaipaavat todella paljon hoidollista kosketusta, niin henkistä kuin fyysistäkin. Käsissään hän tunsi ihmisten sulavan, päästävän irti huolistaan ja hakevan voimia, tietoa ja ohjausta syvältä sisimmästään. Aiemmin nuo matkat teki shamaani, nykyään ihmiset pystyvät hakemaan ne vastaukset kyllä itsekin itsestään, kun vain uskaltaisivat päästää irti, antaa sen sisäisen jäkätyksen ja keskustelun laueta hetkeksi, ja kuuntelisivat sitä sielunmaisemansa kuusten kuisketta ja omantunnon ääntä. Levätessään ihminen sai avun, jota tarvitsi ja etsi.

Kähkönen oli nähnyt urallaan monenmoista, muun muassa näitä uniensa mukaan eläjiä. Toiset saivat etiäisiä ja irlantilaisia ovelleen tämän tästä, toiset kulkivat pahaa aavistamatta kriisistä kriisiin. Häntä toisaalta ihmetytti, miten joku saattoi perustaa koko elämänsä jonkin unen varaan tai aloittaa etsintänsä siitä, että unessa niin käskettiin. Mutta toisaalta, jos muutos oli hyvästä ja tarpeen, niin miksi ei? Unennäkijät tuntuivat olevan aivan oma rotunsa,

kuten kai kaikkien lahjojen haltijat – toisilla oli taito urhei-
luun, joillain taiteisiin, toisilla ruoan laittoon.

Viljami itse näki olevaisen ympärillään ja reagoi itsekin
muutoksen tarpeeseen tavallaan vasta, kun oli oikeasti
pakko. Kun ei enää kroppa kestänyt, oli muutettava suun-
taa. Parantajan pitää parantaa itse itsensä, että oppii ai-
noan profeetan löytyvän ihan omasta itsestään. Ketään ei
voida ulkopuolelta parantaa ja ulkopuolisen profeetan ha-
keminen oli pahin virhe kaikista. Yhdelle sopii yksi hoito
ja toiselle toinen, mutta lopulta kyse on vain siitä, että
mitä hoitoa osaa, tai haluaa ja keneltä, ottaa vastaan. Vil-
jami ei ihan periaatteesta suostunut sovittamaan paranta-
jan viittaa harteilleen, koska itsensä parantamisen pro-
sessi oli hänelle pyhä.

Varsin moni muu kyllä sen viitan hänelle olisi suonut ilo-
mielin. Viljami oli edelläkävijä karppauksessakin – puhui
jo ajat sitten hiilihydraattien turhasta ikeestä. Lohdullinen-
kin oli tuo muutoksentekijän tie – aina on niitä jotka vievät
asioita eteenpäin, tuovat tietoisuuteen asioita jotka sinne
eivät vielä kuulu – ja vähän ajan päästä ne ovat kuin it-
sestäänselvyyksiä. Toisaalta muutos yhteiskunnassa oli

välttämätöntä ja tarpeen, mutta toisaalta se kirpaisi. Aina-han muutos on kriisi, mutta paikoillaan ei täällä taida kui-tenkaan mikään tai kukaan pysy. Viljami kaipasi kipeästi muutosta yhteiskuntaan siten, että olisi aikaa ja tilaa le-vätä työn ohessa. Liika virikkeiden määrä ja pakkosuorit-taminen pitäisi saada pois. Ihmiset pitäisi ohjata kesälo-millaan tukinuittoon pois tietokoneiden äärestä, tai tietyö-maille ja kasvimaille. Viljami kaipasi aikaan entiseen, ta-kaisin peltotöihin rehkimään – sitä ruumiin kuntoa ja sie-lun lepoa hakemaan.

Kähkönen otti jälleen vastaan nuortaparia, jotka yhdessä tuumin treenasivat maratonille. Toisella oli akillesjänteen kanssa jatkuvaa kamppailua ja toinen ei ottanut uskoak-seen, että lonkka sekä selän välilevyt eivät kauaa jaksaisi moista rääkkiä. Kähkönen jutteli mukavia kun kahvitti pa-riskuntaa ja toinen lepäsi sen aikaa, kun toista hoidettiin, oikein lepoon tarkoitetulla patjalla ja päittäin saivat vaih-taa, kun hieronta vaihtui. Itse hieronnan ajan Kähkönen oli mieluusti hiljaa, ellei kommentoinut sanasella jotakin äärimmäisen vaikeaa lukkotilannetta ihmisen kehossa tai ellei potilas sitten pyrkinyt juttelemaan.

Oli nimittäin niinkin, että moni ei pystynyt arkisen aherruksensa lomassa lainkaan rentoutumaan ja Viljamin käsissä kun ei kukaan kovin virkeänä pysynyt. Viljami koki sen niin, että esi-isilläkin täytyi jo olla taito rentouttaa potilaansa, muuten vaativia lihasten siirtoja paikoilleen ei voinut kivutta hoitaa. Ja luunmurskaus oli Viljamista kauheaa katsottavaa, milloin sellaista esiteltiin.

Usein sivusta seuraillessaan ja paikallislehteäkin lukiessaan, urheilutulosten kehitystä uutisista seuraten ja erilaisia aikakausilehtiä kuluttamalla Kähköselle oli päässyt muodostumaan erinäisiä teesejä. Ensinnäkin vanhaan aikaan urheilua harrastettiin, koska siinä päästiin tapaamaan tervehenkisessä mielessä toisia nuoria, sitä ei tehty omien voimien äärirajoilla, vaan nimenomaan voimaa antavien elementtiensä vuoksi. Tosin, vanhaan aikaan oli maataloissa työkin kovempaa kuin nykyisin konttoreissa, mutta kuitenkin.

Urheilua leimaa nykyään jotenkin hillitön suorittaminen, piinaava näyttämisenhalu naapurin Virtasille, sekä urheilun pakottaminen niin ankarasti työn lomaan, ettei lepoa päässyt syntymään. Kuitenkin vanha viisaus oli Sanassa, vaikkei siitä Kähkönen paljon muuta perustanut, kuin että lepopäivä oli paree pyhittää, jos ei sitten meinaa ennen aikojansa kaatua – joko monttuun tai sairasvuoteeseen.

Sitten jurppi Kähköstä myös hillitön huuma siihen, että koko ajan on harrastettava pakosti ja jotakin. Kokeiltava uusia lajeja, venyttää sietokykyä, koeteltava kropan luonnollisia liikeratoja. Ei sillä, kyllä hän kunnioitti nuortenkin tuomia mitaleita vaikkapa mäkiviikoilta, mutta nuorilla nimenomaan korostui se tekemisen hauskuus. Liikunta oli selvästi nuoresta itsestään lähtöisin, laji oli mieluinen ja sitä luultavasti veivattaisiin jossain mäessä, jos ei oltaisi arvokisoissa. Silti media tuntui pakottavan ihmiset osallistumaan hurmokseen.

Kesällä yhden kanavan valloitti yleisurheilu, talvella lätkä ja milloin oli jalkapalloa, moottoriurheilua, hiihtoa. Ihmiselle, joka haluaisi käydä mielihyviksensä silloin tällöin tansseissa tai kävellä kohtuullisen työmatkan, tämä pakkopulla saattoi tuntua ihan kurkussa asti pakottamiselta.

Saattoipa todeta Kähkönen siinä praktiikkaa pyörittäessäänkin, että ihmisten lihashuolto oli retuperällä – jos oli ammattilaisten, niin myös harrastelijoiden. Venytysten jäljet ruumiissa olivat kauheaa katsottavaa. Kävely ja juoksu runtelivat vallankin päälle 35-vuotiaiden kehoja sellaiseen kuntoon, että tekoniveliä tarvitaan viimeistään eläkkeelle jäädessä – ja jos niitä rajoja vielä nostetaan, jo aiemmin. Entä sitten ylipaino! Älyttömintä kaikista oli kaikkialla mainostettu "pudota painoasi juoksemalla" -mantra, joka ei totisesti tehnyt hyvää millekään kehon osalle. Tämäkin nuoripari suretti Kähköstä erityisesti.

Vapaa-aika oli kerrassaan aikataulutettu niin, että lepoaikaa ei ollut, seurustelun ydin tuntui olevan urheilu ja sen ympärillä pyörivä tiivis muu joukkio, jonka Viljami myös hyvin tunsi. Nuoruudesta ja vapaudesta nauttimista tai mitään muutakaan ei urheilun suorittamiselta taatusti ehtinyt. Kähkönen muisteli sitä omaa nuoruuttaan, kuinka se meni kaikki työntekoon kun olisi vähän tehnyt mieli vaikka joskus enempi naisia narrata, mutta kun ei.

Muisteli sitä erästäkin luutnanttia, jolle oli tuttu varusmies naljaillut, että mikseivät esimiehet juokse samalla kun varusmiehet. Hän oli tokaissut, että "Juoksisin kyllä mutta kun on lääkäri kieltänyt, kun on tähän ikään jo juossut polvensa siihen kuntoon ettei juosta tarvitte". Kähkönen oikein sielunsa silmin kykeni näkemään sen varusmiesten joukkion siellä tienposkessa suurena kysymysmerkkinä, että "Jos juoksu hajottaa polvet, miksi helevetissä me sitten juostaan?"

Uniinsa uskojat

Suomalainen kansa on sitten merkillistä. Toisaalta ei oikein uskota mihinkään, ja luimistellaan muiden perässä ihan mihin tahansa aatteeseen, mikä tuntuu sopivan omiin tarkoitusperiin. Sitten kuitenkaan ei noudateta niitäkään oppeja mitä haluttaisiin noudattaa. Viljamia vaivasi, mikä ajoi ihmisiä uskomusten ja uskontojen äärelle. Toisaalta ihmiset kaipasivat samoin ajattelevista turvaa, mutta kun erilaiset ismit vedettiin äärimmilleen ja ihmiset pakotettiin sitten uskomaan sellaiseenkin, mikä ei voinut missään nimessä pitää paikkaansa. Niin kova oli ihmisten selviytymisen vietti, että täysin rakennetuksi ja humpuukiksi tunnustettu Jehovan todistajuuskin aina vain keräsi ympärilleen uusia ihmisiä. Aina haluttiin olla juuri niitä, joilla on se ainoa totuus ja aina haluttiin olla juuri niitä, jotka pääsisivät paratiisiin.

Se ei oikein istunut Viljamin pirtaan. Ihmisellä on kaikki tässä ja nyt, miten ihmeessä mihinkään kuolemanjälkeiseen paratiisiin voisi edes uskoa? Ja se helvetillä pelottelu oli täysin tarpeetonta. Ihmisillä oli riittävästi muutenkin stressiä, pelätä nyt sitten vielä jotakin täysin olematonta sarvipäätä. Ihminen osasi olla toiselle ihan itse susi, ei siihen mitään ulkopuolisia paholaisuuksia enää tarvittu. Ja lemmentöissä hän näki suurinta mahdollista rakkaudellisuutta. Mitä ihmettä se on, että sai keskellä päivää katsella televisiostakin uutisista toisten ihmisten tappamista ja silmitöntä väkivaltaa, mutta rakastelemaan piti mennä suljettujen ovien taakse? Ei käynyt järkeen.

Hei Viljami!

Se on se reikihoito toiseksi viimeinen innostus, sinä opetuksinesi olet viimeisin. En tosin tiedä, mihin unet sen jälkeen johdattelevat, pitää varmaan mennä sinne, mihin nenä näyttää.

Olen samaa mieltä, että kaikenlaista pitää itse kuulostella, sitten opiskella ja lopuksi soveltaa. Mikään tässä maailmassa ei taida sopia aukottomasti ihan kaikille, ei lait eikä tiet eikä menetelmät. Toisten viisauksista saa kuitenkin irti jotain jyväsiä, kun kuuntelee useampia ihmisiä. Näin erottuu se, mikä on oleellista useampien mie-

lestä. Tuo rentoutusasia on hyvä. Todella harva pystyy it-
seään täysin rentouttamaan ja osittain senhän takia kai-
kenlaisiin hoitoihin hakeudutaan. Unen ja valveen rajalla
eniten oivalluksia tuleekin. Toinen loistava metodi on pa-
sianssin peluu korteilla. Kolmanneksi, en tiedä liittyykö
virtaavaan veteen, mutta myös suihkussa tulee paljon
ideoita.

Älä ole huolissasi, sanouduin irti kirkosta jo kymmenisen
vuotta sitten, en ole kovin hyvä instituutioiden palveluk-
sessa. Tykkään liikaa itsekseni ja oman logiikkani va-
rassa häärätä ja säätää, eikä siitä koskaan suuressa jou-
kossa pidetä. On paljon asioita, joiden tekeminen vaatii
tietyt rutiinit, mutta toisaalta on paljon asioita joissa on
jouston varaa. Sääntöjen noudattamisen suhteen jäykis-
tellään ihan liikaa ja suottanpäiten. Tuo avaruudesta tie-
don imeminen onkin ehkä sitten uusi asia, pitääkin alkaa
sitä miettimään.

Aurora

Vai että unien perässä. Toisaalta naisella taisi olla jotakin
sisäsyntyistä taipumusta tähän työhön, ihan selvästi tuo

unien näkeminen viittasi kykyyn seurata sukuperintöjä. Mutta ettei vain menisi liiallisuuksiin siinä asiassa? Toiset tekivät kaikki ratkaisunsa uniinsa uskoen ja toiset eivät ottaneet kuuleviin korviinsakaan viestejä joita saivat, ja sitten tapahtui kauheita. Ääripää asiassa kuin asiassa ajoi turmioon. Monessa suhteessa Viljami oli kuitenkin nähnyt, että ihmiset harvoin luovuttivat asioista, jotka heille oli unissa annettu. Silti kannateltiin toivoja aina siihen asti, että unissa annettiin ymmärtää jotain muuta.

Hän mietti muuattakin naisihmistä, joka toisaalta kärsi suhteestaan, mutta toisaalta oli paljon hyvääkin. Kun kerran tunteet päättivät eikä mikään järki, nainen oli päättänyt uskoa uneensa, jonka mukaan juuri tämän miehen kanssa olisi hyvä. Ja niinpä hän sitten oli siihen mieheen sitoutunut ja sinnitteli ohi vaikeiden aikojen. Ehkä sille naiselle annettiin sitten voimaakin. Toisaalta hän arvosti naisen ajatusta. Avioliitto ei totisesti ollut huviretki ja suututtikin, kun liian usein kevein perustein erottiin. Varsinkin lapset jäivät monta kertaa erossa jalkoihin valtataisteluiden ja rahariitojen keskellä.

Toisaalta lapset mieluummin varmasti tulivat rikkinäisistä

oloista mieluummin kuin elivät sellaisissa, mutta ei ollut mitään mieltä siinäkään, että sitä rikkinäisyyttä väkisin jatkettiin ja mustasukkaisina takerruttiin toiseen vielä pitkään eron jälkeenkin. Ketäänhän ei saanut naulattua kravatista ovenpieleen, jos kohta hameen helmastakaan. Jos oli lähteäkseen, lähteköön, mutta lasten asema huoletti. Lapset kun olivat suojattomia aikuisten kuhinoissa.

Niin, ne unet. Suomalaisissa juurissa virtasi niin paljon tietäjien ja noitien verta, että unia seurattiin, vaikkei tietäjän tielle lähdettykään. Ammattimainen psykologiakin kiinnosti Viljamia. Unessa rentoutuminen vapautti ihmisen arjen kahleista ja antoi tilaa sille unen näkemiselle, luovuudelle ja rajattoman maailman mahdollisuuksia, joita ei esimerkiksi painovoiman laki säädellyt. Harmi, että sen kiireen ja hössöttämisen vuoksi ihmisten uni häiriintyi. Ihmiset eivät levänneet, vaikka olikin rauha maassa ja ruokaa marketissa. Edelleen elettiin kuin apinat luolissa keihäs kädessä valmiina hyökkäykseen. Voi sentään. Unen laatu tosiaan paranisi merkittävästi, kun pyhittäisi rauhoittumisen ennen maata panoa ja purkaisi vihansa ennen auringonlaskua. Kevyt ja pehmeä liikunta auttoi unen saamisessa, ylensyönti ja laiskuus taas kasasivat aikapommia ihmisen kehossa.

Hankkia nyt syömällä virtaa, eikä sitten pura sitä miten-
kään! Lepo ja virkistys sopivassa suhteessa miehen tiellä
piti. Viljami suunnitteli kylpylämatkaa vaimon kanssa, hoi-
doissa rentoutuminen teki aina yhtä hyvää ja maiseman
vaihto vallan muualle sai ajatukset kokonaan pois arjesta.
Sitä hän suosittelisi naiselle, suositteli sitä asiakkailleen-
kin. Ryhti ja puhti pysyi kummasti paremmin, kun välillä
lepäsi. Ylikierroksilla ja alikierroksilla meno olivat yhtä
haitallisia.

Moi taas,

tulit mieleeni. Se sinun unennäkösi vaivaa. Selvästi sinä
mietit oppimisasiaa ja sitä, mitä uutta minä voin sinulle
neuvoa. Olavi Moilanen opetti Kaustisilla uniryhmien
muodostamista ym kivaa. En aina jaksa keskittyä, enkä
voi puhua kaikille asiasta, luulevat sekopäiseksi. Netistä
löytyy tietoa aiheesta mutta kannattaa varoa, siellä on
paljon sellaisia, jotka keräävät rahaa. Unessa itsensä pa-
rantaminen on mahtava kokemus. Silloin, kun se onnis-

tuu, se on halvin tapa parantua. Kun ymmärtää unien ter-
veen ajattelun ja valveilla olon opetuksien rajaaman le-
vottoman olon ja joskus ahdistavan ajattelun eron, jotain
muuttuu... Johonkin suuntaan. Terveitä, kauniita unia

Viljami

Sydämestään Kähkönen toivoi, että nainen säilyttäisi tol-
kun kaikessa siinä, mitä otti ihmisiltä vastaan ja että nai-
nen antaisi tiettyjen opetusten vain tulla, eikä sekoittaisi
päätään liikaa kaikilla ismeillä. Allergia ismejä kohtaan oli
joskus jopa suojaava tekijä, kun kaikki kuvittelivat ole-
vansa joitakin kummallisia guruja, sen kun rahastivat sit-
ten ihmisiä. Terveen unen merkitystä ei kuitenkaan voinut
liikaa korostaa eikä tervettä lepoa saanut, ellei jollakin
lailla purkanut jännitteitään. Kukin purki ne tavallaan. Vil-
jami nautti luonnosta ja musiikista. Musiikki avasi joskus
ne samat kanavat, joita unetkin avasivat, muuttivat aivo-
jen taajuuksia. Tanssiminen teki hyvää ja usein Kähkönen
muisteli nuoruutensa vuosia bändissä. Se oli antoisaa ai-
kaa se.

Luterilainen työmoraali

käy kovasti ihmisen kunnon päälle, tuumii Kähkönen seurailessaan tilastoja itsemurhista ja työuupumuksesta, joka on yhteiskunnalle kallis pieti, johon hoitokeinoja on vähän tai ei ollenkaan. Ihmiset menevät työelämään kuin poroerotukseen, valmiina teurastukseen. Kähkönen oikein ihmetteli, miksi kaikesta ja kaikista täytyi saada irti niin perkeleesti. Kyllä, kirota oikein teki mieli. Ennen vanhaan tuntui olevan työtä tekevälle, ei ollut tarpeetonta ihmistä. Koko kylä puhalsi yhteen hiileen ja miestä autettiin mäessä, vaikka elämä olikin ankaraa, se oli mielekästä. Kaikilla oli paikkansa.

Nyt tehtaissa on robotit ja nekin on melkein jo siirretty Kiinaan tai muihin kolmannen maiden maihin, missä päästään pienellä rahalla riistämään ihmisyyttä, meille mukaeettisille hyväntahtoisen suopeille sivistyneille lännen asukeille. Yhdet tienaavat miljoonia repimällä toisten selkänahasta, ja toiset joutuvat sitten täällä sivistysvaltiossa nöyrtymään sossun luukulle, mikä on yhteiskunnalle vielä

kalliimpaa. Maailman menoa, ihmisen muuttumista väli-
neeksi, Kähkönen ei oikein voinut ymmärtää.

Muisteli Kähkönenkin nuoruusvuosiaan, jolloin raaka
työnteko ajoi hänenkin kehonsa niin loppuun että satun-
nainen radion kuuntelu sai hänet ajautumaan kokonaan
uudenlaisen elämänmallin piiriin. Opettajansa hän nimit-
täin löysi radio-ohjelman kautta, kun rohkeni vain irrottau-
tua ja lopettaa siihenastisen elämäntyönsä. Eipä se enti-
nenkään työ turhaa ollut, eikä tarkoituksetonta, ei suin-
kaan. Mutta repi hänet niin hajalle, että kivut ja tuskat es-
tivät levon ja sitä kautta työnkin tekemisen kokonaan.

Sitä hikistä iltapäivää traktorissa istuessaan, kun hän
melkein pyörtyi jalkasärkyjensä tähden, hän ei unohda
milloinkaan. Loputtava tämän on, tässä ja nyt, hän tuumi,
ja niin sai nuorempi polvi jatkaa toimessa. Enää hän ei
moiseen rääkkiin ajautuisi ja voi lähes pahoin kun näki
ympärillään ihmisiä tismalleen samanlaisessa oravanpyö-
rässä. Kaikilla vain ei ollut keinoja tai rohkeutta päästää
irti ja tehdä sellaista, minkä hän teki.

Ja vielä vähemmän Kähkönen ymmärsi pohdinnoissaan

sitä, että ihmiset, nuo hullut, tekevät työtä kuin orjat, omasta halustaan, jopa useampaakin työtä. Oliko syynä sitten pätemisen tarve vai hyväksynnän ja rakkauden ostaminen vai arkensa pakeneminen, mutta työnarkomanian Kähkönen näki kansansairautena. Ihmiset lakkasivat jossain kohtaa kuuntelemasta kehoaan ja painoivat kuin pienet eläimet tilinauhansa perässä, ikään kuin sitä materiaa saisi täältä koskaan mukaansa, kun lähdön hetki tulee. Kuluttava työ, levon puute ja usein yhdistelmään kuului vielä surkeat tai karmaisevat ruokailutottumukset kaatoivat monen ennenaikaiselle sairasvuoteelle.

Ihminen kaipaa rytmiä työhön, lepoon ja ruokailuun – ja mitä säännöllisempää, sen parempi. Ei siinäkään oikein mieltä ole, että kärsii viimeiset 10 vuotta kipujen tähden kapeasta liikkumapiiristä, kun pienemmällä ähräämisellä olisi voinut hyvinkin olla hyvinkin tanssikunnossa ja toimintakykyinen monella muulla alueella, kuin pelkästään päänupistaan. Mutta kroppansa hajottamiseen konstit on monet.

Olipa tuo entinenkin isäntä, joka sanoi että teki työtä jotta ei tarttis akkaansa kattella. Tai muija, joka pakeni lapsiaan töihin, kun oli tullut sellaisia tehneeksi, eikä sitten vastuu niin kovin houkutellutkaan. Kyllähän se työ terapiasta käy, toki, varsinkin ruumiillinen työ. Kyllähän keho nauttiikin raadannasta. Ihmiselle, joka ei osaa puhumalla tunteitaan käsitellä, se jopa tarjoaa keinon purkaa kiukku ja stressi, joita arkinen ja tasainen elämä tuottaa. Mutta, hän ajatteli, rajansa kaikella.

Kähkönen pohti usein ruisleipämallia ahdistuksen sietämiseen. Mikäli tuntui siltä, että suurin osa elämästä on syöty, tarvitsee sitä elämän leipää hakea jostakin lisää. Oli se sitten puutyöpiiri, kokkikurssi, kirjallisuuspiiri tai vaikka avantouinti, kaikki käy. Kunhan se on itselle mielekästä ja tuottaa sitä iloa, jonka muu elämä väkisinkin välillä tuppaa viemään. Sotien jälkeenhän painettiin hampaat irvessä läpi harmaista kivistä, ei puhuttu stressinhallinnasta eikä stressistä ylipäätään. Puutetta oli ja kovaa kaikilla.

Nykyään ihmisillä ei ole yhtä kovaa, mutta silti ollaan tyytymättömiä ja surkeita elämässään – missä on se ilo ja vapaus, jonka tekniikkakin on suonut, kun enää pyykkää-miseen ei mene koko päivää eikä emänniltä kulu aika tis-kivuoren taittamiseen, ja miehilläkin on koneita työnsä te-kemiseen? Iloita ei kai oikein osata, tai sitten saada, onko se sitten sitä luterilaista pelkoa siitä, että jos jostakin erehtyy iloitsemaan, se varmasti riistetään.

Kähkönen näki yhdeksi tärkeimmäksi työkseen ihmisten parissa pysäyttää ihminen omalle äärelleen – ja houku-tella, koukuttaa ihminen jotenkin huolehtimaan itsestään. Kun saisi ihmiset juttelemaan itselleen mukavia, kehu-maan ja hemmottelemaan pikkuisen. Niin, että jokainen hakisi elämäänsä kipinää ja elämisen makua nyt eikä sit-tekummäooneläkkeellänääs, kun sitähän ei kaikille edes tule, sitä sittekku. Kähkönen oli alkanut nähdä elämän ra-jallisuuden iän myötä, nuorellahan sitä ymmärrystä ei lainkaan ole, kun on takki auki ja maailma edessä, kaikki tuolla jossain.

Käsitellessään ihmisten kehoja hän usein ihaili kehon kauneutta, sen tarkoituksenmukaisuutta ja viisautta. Se on kuitenkin lähestulkoon kaikki, mikä ihmisellä on pysyvää, vaikkakin asteittain rapistuvaa. Kehosta huolehtiminen on ihmiselle lähestulkoon tärkeintä, helppoakin, kun luo elämässään sille edellytykset.

Terveen kehon kautta ihminen sai voimavaroja, joiden turvin jaksaa sietää taas niitä elämän konnankoukkujakin. Ihmiset huollattavat autonsa ja pesukoneensa ja työvälineensä ja remontoivat huusholliaan ja kunnostavat puutarhaansa – mutta huolehtivatko he omasta kehonsa tahi mielensä terveydestä? Kähkösen näppituntuman mukaan terveydestä huollehdittiin aika heikosti. Omaan itseen panostaminen on kuin laittaisi rahaa pankkiin, hän tuumi, ja asettui sohvalle pasianssinsa päätteeksi ottamaan nokkaunet.

Ihmiset tarvitsivat lopulta vain yksinkertaisia nautintoja jotka heitä elähdyttivät. Kelle se oli kuorolaulantaa, kenelle arkinen ruoanlaittotuokio, kuka rakensi veneitä tai nikkaroi puuvajassaan. Joku maalasi ikoneita, joku hiljentyi kirkossa, toinen rakasteli vaimoaan nuoruutensa innolla. Kähkönen käyskenteli metsissään, kuunteli lintujen laulua ja nautiskeli tuulesta kasvoillaan. Viljami oli tietoinen siitä, että energiakenttä näytteli monessa suhteessa isoa roolia myös ihmisten välisessä vuorovaikutuksessa, ja sen tilasta saattoi päätellä paljon ihmisen voinnista. Näitä energia-akkujaan ihmisen oli syytä latailla säännöllisesti ja pitää huolta jaksamisestaan.

Akut kuluvat työtä tehden, ihmisten kanssa vuorovaikutuksessa ja palvelualojen ihmiset ovat hyvinkin alttiita kuluttamaan itsensä loppuun, elleivät pidä varaansa omassa voimassaan pysyttelyn kanssa. Viljamin mielestä toisten energiakenttään ei saanut koskea, koska sen manipuloiminen saattoi pakottaa ihmiset entistä rankempien asioiden kanssa vastakkain. Viljami ei periaatteesta ymmärtänyt minkään valtakunnan energiahoitoja, hänen pirtaansa ne eivät sopineet. Ihmisten kuului pitää energiakentästään huolta ihan perinteisin keinoin.

Nokoset silloin, toiset tällöin pitivät Viljamin vireessä ja hän olisi sellaiset suonut monillekin tuntemilleen ihmisille, mutta ihmiset elelivät niin erilaisissa maailmoissa uniensa suhteen. Kuka oli yörytmissä, etteivät saaneet silmiensä haritukselta mitään aikaiseksi ennen ehtooviittä ja kuka taas aamuvirkkuna sammahti jo siinä iltaseitsemän kant-

tiin, kun uutiset sai hätinä katseltua. Ja iltavirkut taas tork-
kuivat pitkään mutta osasivat mennä ihmisten ajoissa
nukkumaan – yörytmiset kun taas jatkoivat kukkumistaan
siihen, että aamuvirkut alkoivat heräillä. Mielenkiintoista
oli sekin, että unen tarve muuttui ikääntyessä – väheni
tuntuvasti, tai rytmittyi eri tavalla, kun päiväunia piti ottaa,
mutta yöllä ei nukuttanut kovin montaa tuntia peräkkäin.

Aika vain oli sitten kovin toisenlaista, kun nukkui ehkä
puolesta yöstä aamuviiteen, eikä kukaan muu ollut he-
reillä. Ympäristö ja hiljaisuus loivat ajattelullekin aivan toi-
senlaiset puitteet. Viljami tiesi monia, jotka pelkäsivät
suorastaan noita unettomia öitä kun tuntui siltä, että on
ainoa maailmassa, eikä ole ketään kenen kanssa jakaa
mielentilansa. Toiset hakivat rauhassa lehtensä, söivät
puuronsa ja seurailivat heräileviä maisemia – kaupun-
gissa ehkä muita asukkeja, täällä maalla pihassa loikkivia
jäniksiä, puuhissaan askartelevia oravia ja pesää raken-
tavia lintuja.

Toisaalta hiljaisuus, jos sitä ei peittänyt tai hämännyt se
pään sisäinen jäkätys, oli luovuudellekin mahdottoman
hyvää aikaa – kuka ehtii maalata, kirjoittaa tai vaikka

tehdä puhdetöitä aikansa ratoksi. Jos taas sen turvin päästettiin yksinäisyys ja henkilökohtaiset kauhugalleriat valloilleen saattoivat yön pimeimmät tunnit olla mitä kauheinta aikaa – ja unettomuuden kierre vain pahentua. Päänsä tyhjentämisen taito lienee kaikkein oleellisin pelastuskeino kaikkeen mahdolliseen, pohti Viljami. Ollapa vain tietoinen tästä hetkestä.

Hän ajatteli esimerkiksi autoilua. Kovasti puhuttiin siitä, kuinka kännykkään puhuminen heikentää keskittymistä käsien ollessa kiinni erilaisissa vempaimissa sen sijaan, että käsittelisivät rattia tai vaihteita. Ei se ollut pahinta, ei suinkaan, vaan mieli, joka harhailee puhuessa. Ottaessaan puhelimen käteen jo loi mielikuvan siitä, kenelle puhui. Käydessä keskustelua, mieli rakentaa kuvaa puhekumppanisi ympäristöstä – onko töissä vai kotona, koneen ääressä vai jääkaapilla, touhuileeko kotoisasti siivouspuuhissa vai makoileeko sohvalla puhuessaan.

Silmien edessä on koko ajan kuva puhekumppanista, ei liikenteestä. Siitä puolesta on siis ihan sama, onko korvassa handsfree vai ei – kädet ovat ratissa, mutta huomio mielikuvissa. Samoin käy myös aamun tunteina tai milloin tahansa mieli harhautuu sivupoluille. Käy kuvitteellista keskustelua valikoidun henkilökavalkadin kanssa.

Pääsääntöisesti tuntuu olevan eriasteista "miksi tein niin tai näin" puolustuspuheenvuoroa tai "saisit jatkossa tehdä noin" -vuoropuhelu, jolloin syyttäjä on vuorostaan vauhdissa. Yllättävän monella tuo keskustelu on täysin tiedostamatonta. Jollakin soi alinomaa lauluja päässä – ihan sama mekanismi periaatteessa, mutta kertoo mielen olevan sivupoluilla. Tällaisina hetkinä ei keskity nykyiseen ja oleellisimpaan eli tähän hetkeen tässä ja nyt, vaan portit ovat auki menneisyyteen - tekemättä jättämisiin, tehtyihin töppäyksiin tai sitten vaikeisiin ihmissuhteisiin.

Joidenkin kanssa tuli tehtyä ratkaisu niin ja toisten kanssa noin, mutta tehtyä kun ei voi tekemättömäksi saada. Voihan sitä haaveilla, että jonakin päivänä voi korjata jo tehdyt asiat, tai että saisi tehtyä tai sanottua asiat paremmin kuin juuri silloin kykeni. Aikahan on armollinen ja tuo perspektiiviä. Menneisyys on mennyttä ja vaikutusvallan ulkopuolella.

Oli keskustelukumppanina sitten isä, äiti, kumppani tai

työkaveri, tulemalla tietoiseksi keskustelun sisällöstä voi tulla tietoiseksi siitä, mikä itse asiassa riivaa. Vähitellen voi päästä keskusteluissa toiselle taajuudelle ja korjata tekemisiään, olettaen että siihen on järkevästi ottaen mahdollisuus. Jos on jatkuva tarve puolustella itseään jollekin, pään sisäinen keskustelu pitäisi pysäyttää ja miettiä, miksi ajattelee itsestäni tai mitä tämä keskustelu itse asiassa merkitsee.

Haluaako todella ajatella edelleen näin, miksi tämä toistuu, onko tästä iloa kenellekään ja mitä näillä keskusteluilla on annettavaa. Vastaan väittäminen pään sisäisille sparraajille harvoin onnistuu, on vain tultava tietoiseksi, ajateltava asia loppuun, väsytettävä mieli sinällään. Ja myöhemmin palattava asiaan – "kriitikko sanoi että.." Hmm. Menikö se ihan noin? "Syyttäjä esitti, että.." Menikö sitenkään?

Viljamista tuntui, että suomalaiset ovat usein syyllisyydellä rokotettuja, pienestä pitäen puhki ja pahaksi haukuttuja. Luottamusta itseen ja omiin toimiin, rakkaudellisuutta ja armoa ihmissuhteisiin tuntuu harvalla löytyvän.

Ensin pitäisi rakastaa itsensä ehjäksi, eikä vain yrittää ansaita sitä hyväksyntää tappamalla itseään työllä. Sillä rakkautta ei voi ansaita – sen saa ja sen voi vastaanottaa ehdoitta vain sellainen, joka uskaltaa kohdata itsensä ja keskeneräisyytensä ja sellaisena hyväksyä toisenkin.

Ei ole Roomaa eikä Bysanttia rakennettu päivässä, eikä ihminenkään ole valmis alkutekijöissään. Ihmissuhteiden kautta kasvetaan. Parisuhteet sekä perhesuhteet ovat käsittämättömiä elämänkouluja kaikessa vivahteikkuudessaan, kun ne sellaisina osaa ottaa. Armollisuus itseä ja toisia kohtaan tuntuu hävinneen luterilaisesta kulttuurista täysin, vaikka se Martti Lutherin perusprinsiippejä olikin. Armon korvasi jossakin vaiheessa hirveä työmoraali. Ja se seikka väsytti Viljamia vielä enemmän kuin yövalvominen.

Suhde itseen on kaikkein vaikein suhde. Itsensä kanssa pärjääminen, tekeminen oman kunniansa ja oikeudentuntonsa mukaisesti lienee vaikeinta kaikista, koska on opetettu niin paljon toisten huomioon ottamista, alkaen vanhemmista ja sisaruksista, päättyen lapsiin. Rajojen vetäminen tuntuu välillä tuskalliselta, varsinkin kun rajoista tuntuu olevan eri käsitykset. Erilaisista perhetaustoista tulevilla saattaa olla hyvinkin eri käsitykset siitä, millaisia parisuhdepelejä pelataan, miten lapset kasvatetaan ja miten rahat jaetaan. Ja näihin kysymyksiin näki Viljami asiakkaidensa törmäilevän jatkuvasti. Kuinka ollaan yhdessä ja erikseen. Kunhan osattaisiin olla edes itsekseen niinä aamuyön hiljaisina tunteina, siitä se kaikki lähtee, tuumi Viljami. Kun osattaisiin olla ihan hiljaa itsekseen.

Kipuilua

Lastenlasten leikitellessä permannolla Viljami mietti elämäntyönsä jatkamista tuleville sukupolville. Kyllä näitä tarjokkaita oli, osa tenavien lapsista oli jo aikamiehiä ja nuorimaat tässä pyörivät jaloissa. Lapsilta oppi paljon kaikenlaista, kun vain asettui heitä katsomaan. Aikuisten maailma kaikessa järjettömyydessään tuli lasten leikeissä esille, nämä kun matkivat leikeissään kaiken, mitä aikuiset heille maalasivat. Viljami sai monta kertaa nauraa katketakseen. Kyllä taisivat päiväkotien tädit nähdä sekä hienouksia että surkeuksia suomalaisesta elämästä. Lapsilla oli kaikki edessään, maailma monessa suhteessa turvattomampi ja vaarallisempi kuin ennen, vaikka oliko tuo ollut niin turvallinen hänenkään syntyessään.

Ihmiseksi kasvaminen ei tainnut olla koskaan kovin kivutonta. Tie lapsesta aikuiseksi kävi niin hitaasti lapsen näkökulmasta ja toisaalta nopeasti aikuisten kiireiden näkökulmasta. Kuinka se aika tekikin sellaiset kepposet? Kiihtyi vain, mitä pidemmälle elämässä ehdittiin. Juhlapyhistä toisiin oli vain kullin luikaus, jos sitäkään. Juuri kun joulusta päästiin, oli jo pääsiäinen ja heti vappu sekä juhannus ovella. Mitä se olikaan kiireisillä citykanielämää viettävillä urbaanilegendoilla? Viljamia ajatus puistatti. Täällä peltoja sekä lumihiutaleiden tanssia katsellessa oli hyvä. Luonto rauhoitti ihmistä ja elämän kiertokulun hyväksyi eri tavalla.

Moi Viljami,

ja kiitos viimeisestä. Sain opetuksestasi irti todella paljon, ja aina tietysti tulee kysyttäviä vasta kotona. Kuten esimerkiksi, että miten hoidat oman suojauksen energiasiirroissa, että et tavallaan sotke itseäsi ja energiavarantojasi mukaan? Milloin valitset maa- ja milloin taivasenergian? Kuinka pian energiaa voi käyttää, selvästi ne kuitenkin tunsin? Joskus ankarista kivuista kärsivät potilaat tuntuvat oikein vetävän luokseen, monet kaipaavat kipuihin helpotusta ilman lääkkeitä kun pelkäävät tulevansa myrkytetyiksi. Tunnen energioita myös, kun kaverit synnyttävät tai kun tulee sähköposteja. Välillä on vaikeaa nukkuakaan kunnolla, kun kihisee virtaa täynnä, vaikka itseään nukuttaisikin.

Unet ohjaavat asioita, näyttävät keneen kannattaa panostaa ja ketkä vain vievät antamatta takaisin ja kertovat usein senkin, että miksi. Itseparannusta unen keinoin? Jännittävää. Täytyykin perehtyä. Vaikuttavat unet muistaa, voivat kulkea matkassa vuosiakin, kun ihmettelee että ovatko ne tapahtuneet asiat jo vai koska tapahtuvat. Valaat merkitsevät vainajia, aina saa sitten ihmetellä, että ketä ne ovat. Saan tiedot tapahtumista, oli kyseessä suuremmat perheriidat tai kuolemat.

Unet ovat niin henkilökohtaisia, että niistä onkin vaikeaa keskustella toisten kanssa. Jos näen unia sellaisista, joille olen katsonut kortteja, ajattelen sen liittyvän tulkintaan ja että siinä on viesti välitettävänä. Kaikki eivät halua ottaa tietoja vastaan. Lisäksi unisymbolit ovat hyvin henkilökohtaisia, isomummuni poimi kedolla kukkia kun joku oli kuolemassa, minulle vainajat näytetään valaina.

Jatketaan aiheesta, kun tulen. Tuon sitten ystävän matkassani, kuten sovittiin.

Aurora

Kuolema, niin. Ihmistä aina koskettava ja pelottava teema. Mitä ihmistä hyödytti tietää ennalta päiviensä määrä? Rajallisuuden ymmärtäminen ehkä sai ihmiset elämään toiveidensa mukaista elämää ajoissa, ennen kuin oli myöhäistä. Toiset taas halvaantuivat viikatemiehen edessä täydellisesti. Kähkönen mietti tosissaan, että oliko kuoleman pelossa se ongelma, että pelättiin kaiken vaikutusvallan häviämistä tässä maallisessa kamppailussa vai sitä, että se muistutti omasta kuolevaisuudesta? Joskushan kuolema oli täysi armahdus sietämättömistä oloista ja kivuista, monelle se oli myös keino paeta elämää, jota ei enää kestänyt elää. Armotta Viljami mietti, oliko kulissit pakko naulata niin tiukasti kiinni estradin lattiaan, ettei voinut sitten muuttaa elämänsä suuntaa?

Ihmisillä oli kova tarve tietää myös tulevasta. Nainen katseli korttejakin. Millä mielellä? Eihän tulevaa voinut tietää. Tulemalla menneisyydestään tietoiseksi saattoi muuttaa tulevaisuutensa suuntaa, mutta turhan monet ihmiset raahustivat päivänsä läpi pää painuksissa varpaitaan katsellen, näköalattomina. Horisontin tutkailu oli silloin tällöin tarpeen. Viljami näki taivaanrannan maalailun ihan hyödyllisenä, ellei sitä tehnyt leipätyökseen.

Aivot tarvitsivat lepoa silkasta ajattelusta, unelmointi teki ihmiselle hyvää. Jos ei tiennyt muusta eikä paremmasta eikä uskaltanut edes toivoa muuta, antoi tehdä itselleen mitä vain ja pankki määritteli enemmän elämää kuin ihminen itse. Loppujen lopuksi suomalaisella on rajaton vapaus tehdä monenlaisia asioita. Työlääntyneenä Kähkönen katseli uutisia itänaapurista, kuinka sananvapautta rajoitettiin ja ihmisten kurjuus lisääntyi. Puistatti ajatus, että ilman esi-isien vaivannäköä ja ankaraa sotimista oltaisiin samassa veneessä. Ehkä ihmiset eivät aika ajoin ymmärtäneet, kuinka etuoikeutettua ja runsasta elämää Suomessa saattoi viettää, kun sen oikein oivalsi.

Vastaamista piti oikein miettiä, hötkyilemällä ei maailma paranisi. Naisella oli kova into oppia ja se kyllä monta kertaa auttoi asioiden omaksumista sen luontaisen kyvyn lisäksi. Periaatteessa kaikissa ihmisissä tieto asui, mutta kaikkihan eivät edes tietojaan ja taitojaan pystyneet herättämään henkiin. Muiden asiakkaiden lomassa nainen ystävänsä kanssa tuli käymään ja menikin, vaimo hääräsi keittiössä ja hoiti tarjoilun viimeisen päälle. Oli hienoa kat-

sella, kuinka pöydässä istui kaksi elämäniloista nuorta ih-
mistä, joille hyvä ruoka maittoi. Vielä mukavampaa oli se,
että ruokaa ylipäätään oli tarjolla. Pulavuodet olivat katke-
rina vanhan miehen muistissa. Niistäkin vuosista oli sel-
vitty, vaikkakaan ei uskaltanut naisia narrata ihan mieliks-
ensä asti.

Viljami oli pelännyt tekevänsä naiselle hallaa kun ei eh-
käisyvälineitä ollut paljon siihen aikaan käytössä. Aviotto-
man lapsen kohtelu oli hänen nuoruudessaan todella an-
karaa. Nykyiset lapset eivät olleet moksiskaan, nämä-
kään naiset eivät olleet kumpikaan edes naimisissa. Ei
olisi kyllä tullut Viljamin nuoruudessa kuuloonkaan moi-
nen leväperäisyys, hankkia nyt lapsia muttei mennä nai-
misiin, mutta nykymeno olikin Viljamin mieleen. Turha
niitä lapsia oli aikuisten tarpeista syyllistää ja toisaalta,
hyvä että tarpeita sai nykyään hyvillä mielin täyttää.

Moi, viroksi itäh!

*Viikko pulkassa, toivottavasti. Ajattelin kysellä ystäväsi
vointia hoidon jälkeen, nuo naisten vaivat ovat aina kysy-
mysmerkki. Hänellä saattaa olla ollut nikamassa prolapsi,*

ja kipu on krooninen aavekipu, tai sitten lihasten aiheut-
tama puristus munatorvissa.

Luin edellisen vuodatuksesi (postin). Sinä käyt kuumana
energiahoitojen suhteen. Ole varovainen, ettet kuumene
liikaa. Löydät varmaan oikean tavan ajatella omilla aivoil-
lasi ja mutu-tuntuman. En mielelläni sano itseäni paranta-
jaksi, kyllä muut sen tekee jos se on todellista. En käytä
kaikille energioita, sillä se on raskasta. Unia ei oikein
osaa ajatella ennustuksina, vaan ohjaamaan uusia aja-
tuksia ja keksintöjä valveilla oloon. Valveilla olo on usein
rajoittunutta opetuksiin ja kokemuksiin perustuvana epä-
röintinä. Nähdään valveilla,

Viljami

Olosuhteet olivat olleet monessa mielessä Viljamin nuo-
ruudessa ankarat ja häntä vastaan, joten mieluusti hän
olisi suonut ihmisten elävän täysin rinnoin nyt, kun kai-
kenlaista hyvää oli ihmisille tarjota. Runsautta monessa
muodossa sai nauttia, oli vapautta ja mahdollisuus niin
terveyteen kuin nautintoihinkin. Ja mitä teki ihminen?

Kärsi. Olikohan se joku urautunut ajatusrata? Kyllä valittaa voi aina kaikesta, ammatikseenkin. Mutta kyllä kiitollisuuttakin sopi viljellä. Unelmiaan kannatti toteuttaa, kun kerran siihen annettiin mahdollisuus. Jos vain töitä teki, niin rahalla sai ja hevosella pääsi. Pitämällä yllä iloista mieltä ja kannattelemalla elämässään hyvää tekevää elämänvoimaa sai kyllä elämästä takuulla irti enemmän, kuin ruikuttamalla. Tulisi se kuolema kuitenkin.

Maatalon mielenmaisemaa

Luonnon läheisyys oli Viljamille valtava voimavara. Toisaalta sai katsella niitä vainioita joiden hoitamiseen oli uhrannut parhaan terveytensä ja nuoret miehuutensa vuodet, toisaalta elämä luonnon helmassa oli rauhaisaa. Tai no, talvella oli hiljaista kuin huopatossutehtaassa, liikenteen äänetkin tuntuivat uppoavan hankien ja nietosten uumeniin. Kevättalvella alkoivat pikkulinnut sirkutuksensa, vähitellen lumien ja jäiden lähdettyä seuraan liittyivät ensin lokit, sitten joutsenet ja kanadanhanhet pitivät torvisoittoaan läheisellä järvellä.

Kesällä matkustelu lisääntyi ja trafiikki kantautui välillä kuin ohi vaeltavien mastodonttien jytinä talolle asti, vaikka matkaa päätielle olikin jonkun verran. Syksyllä taas myrskyt ja lisääntyvät vesisateet riepottelivat puita metsissä, ja hongat humisivat hiljaisia virsiään. Vähitellen talvi kutsui sorsaparvet ja kun hirvikausikin jo rauhoittui, myös ympäröivät metsät laskeutuivat joulurauhaan.

Ei vain luonnossa, mutta myös ihmisen elämässä näkyi

tietynlainen rytmi ja syklisyys, joka toi myöskin lohtua elä-
mään. Ensin riiustellaan, pesitään ja lopulta riennetään
aikuisten kesken menoissaan – kunnes koittavat isoäi-
deille uudet sylittelyvuodet, kun lapsenlapset alkavat te-
pastella nurkissa nuorison pesiessä. Ihminen on lauma-
eläin ja pitää mielellään laumansa koossa. Vieraat lapset
eivät ole puoliksikaan niin mielenkiintoisia kuin omat te-
navat!

Ja miten sitä joitain asioita unohtaakin, ja toisia muistaa
kirkkaasti, kuin eilispäivän. Jokaisesta lapsestaan muis-
taa joitakin rakkaita yksityiskohtia vuosien takaa. Lapsen-
lapsistaan onkin sitten jännittävää etsiä näitä omien las-
tensa piirteitä ja muistella, miten omat lapset aikanaan
tuli hoidettua, miten ja millaisia juttuja heillä oli, oliko
sinne päinkään kuin lapsenlapsilla, ja miten sanaleikit ke-
hittyivät sukupolvelta toiselle. Kähkösellä riitti kummaste-
lemista siinä, miten lasten hoito kehittyy vuosikymmenten
saatossa. Jotain kun hän muisti omasta nuoruudestaan-
kin, ja sisarensa lapsen hoitamisesta.

Samoilla tanhuvilla kun tuli temmellettyä, muistaa omat

leikkinsä, miten samoihin majoihin ja saariin tuli omia lapsia usutettua, missä itsekin on leikkinyt. Nyt jo ensimmäiset lapsenlapsetkin alkoivat olla isoja miehenroikaleita! Kylläpä se aika kulkee. Joinakin vuosina oli kovasti myrskyjä, toisina vuosina mehiläisiä oli vähän ja toisina runsaasti, joinakin vuosina ei ollut omenoita ja toisina taas oli. Sitten saattaa muistaa, kuinka vaikka koivunsiementen sataessa kulkee pitkin kujaa rantaan ja miten se hetki on sinetöitynyt voimallisuudessaan takaraivoon – vaikkei enää muistaisi mitä mietti, muistaa sen kuvan joka sieluun on jäänyt, ja tunteen sitä kuvaa katsellessa.

Lapset polskuttelevat samoin nyt ja aina, pelätään ensin vähän veteen menemistä ja sitten ei kohta heitä sieltä saa pois, vaikka hampaat lyövät loukkua ja huulet sinisenä täristään. Jäiden sekaan suurin piirtein pitäisi päästä uimaan ja koulua on jo syksyllä pitkästi käyty, kun muut ajanvietteet korvaavat syksyllä uimisen. Vuodet tuppaavat kuitenkin menemään hiukan sekaisin keskenään ja usein saadaan viihdyttäviä keskusteluja aikaiseksi, kun "ei se sillon voinut tapahtua, kun muistakkos kuinka se ja se sitä ja sitä just sillon ja sillon". Voi, niitä iloisia naurunremmakoita, mitä syntyy siitä hyvästä tuulesta, kun ollaan yhdessä koettu monenmoista, kun saadaan kuulua yhteisöön ja on eletty elämää, jossa on mitä muistella.

Kähköstä viehätti ajatus elämän jatkuvuudesta. Hän oli perinyt tilan vanhemmiltaan ja sai sen luovuttaa pojalleen ja näki nyt, kuinka uusi sukupolvi varttui ajelemaan omilla vainioilla traktoria, pienen pojan silmät suorastaan säihkyivät, kun pääsi isän kanssa hommiin. Sellaista oli todella mukavaa katsella vierestä. Vaikka tuntuikin siltä, että EU tappoi kaiken yrittämisen halunkin. On sitä sittenkin poika porskuttanut menemään ja vielä on intoa riittänyt. Kähkönen haaveili siitäkin, että saisi toisenkin ammattinsa opettaa jollekin lapsistaan tai lapsenlapsistaan, jotta taipumukset aktivoituisivat ja tulisivat täytäntöön. Joillakin näytti sukulinjoittain kulkevan rahan päälle ymmärrys, joillekin taas pellot tarjosivat parastaan sukupolvi toisensa jälkeen ja jotkut saivat sitten palvella muita - tavalla tai toisella.

Työn rytmikin säilyi maalla omanlaisenaan, naureskeli Kähkönen kun katseli miniäkokelaita emännän ohjauksessa. Keväällä muokattiin ja viriteltiin ryytimaita varten jo itämään taimia, sitten tuli aika niitä maita huoltaa ja istutuksetkin koittivat sitten kun kelit todella lämpesivät. Seurasi tietysti kesän mittaan raparperiaika, perunamaiden multaus juhannuksena, heinäaika ja vähitellen marjastus elokuuta kohden mennessä ensin pensaista ja sitten metsistä. Tietenkin sienet tuppasivat juuri marjojen perään, ankaraa oli mehunkeitto ja muu säilöntä, sadonkorjuu tietenkin hyvissä ajoin ennen pakkasia.

Elonleikkuu näkyi tohinana pelloilla missä päin tahansa. Kevätkesällä myös kalastettiin rysillä, kesällä käytiin verkoilla ja loppukesästä alkoi ravun tuulastus. Syksyllä alkoi ensin sorsastus ja asteittain hirvestys ja peurankaato, kevättalvella pienriista kunnes luonto kevätkesäksi rauhoitettiin pesimään. Enää ei ollut sentään lahtia joulun alla, niin kuin Kähkösen nuoruudessa. Siinä sitten miniät pyristelivät toimittaessaan perinteitä ja paimentaessaan lapsia. Maalaismiehen naisella oli muutama erikoisvaatimus, joista yksi oli halu tehdä työtä yhteisen hyvän eteen, halu kantaa perinteitä ja vielä tahto joustaa. Mies saattoi olla päivät pitkät pelloilla, navetoissa ja muissa kunnostustöissä jolloin koko huusholli pyöri naisen hartioilla.

Tuntuivat kaupunkilaistytöt vähän tätä toimenkuvaa karttavan - ja myös karsastavan. Viljami oli onnellinen vaimostaan, joka oli kaiken tohinan seassa hoitanut todella elikot ja vielä vanhuksetkin, ei varmasti ollut naurussa pitelemistä, kun ei ollut vielä pyykkikoneita tai tiskikoneita, imureita saati alkuun juoksevaa vettä ja sisäklosettia. Silitys ja kaikkinainen muu emännän työ vaati totisesti tarmoa sekä organisointikykyä enemmän, kuin nykyajan nuoriso pystyy edes kuvittelemaan.

Koneiden kehitys on tietysti ollut huimaa ja sitä myöten niin työmiehet kuin käyttöeläimetkin ovat vähentyneet. Kähkönenkin oli kerännyt erinäisen kokoelman vanhempia ja uudempia traktoreita pihansa perille ja niiden ihailuun saivat pienet kulumaan runsaasti aikaa. Suuret tilat ovat EU:ssa elinehto, tuskin kukaan pystyy "omiksi tarpeikseen" tilaa pitämään. Silti suomalaisten juuri ja sielunmaisema on hyvin pitkälti tässä sinivalkoisessa yhtälössä.

Kasvupaikan tuoksut, värit, tunnelmat ja valo taltioituvat ihmisen muistiin ja viimeistään unissaan niitä muistaa, vaikkei kaukomailla käydessä kotia kaipaakaan, huomaa kotiin tullessaan, että kaipasi sittenkin. Kähkönen tykkäsi reissata, etenkin emännän kanssa, kun kaikki sujui mutkitta ja pulmitta, totutusti ja rutiinilla. Mutta aina se oma maa vain on mansikka ja muu maa mustikka. Sulkemalla silmänsä Viljami pystyi loihtimaan eteensä lähitienoon maiseman kuvantarkasti – pellot, metsiköt, järvet, lähitalot ja niiden asukkaat.

Vuosikymmenet olivat tietysti muuttaneet uudisrakentamisen myötä maisemia jonkin verrankin, mutta perusasetelmat olivat silti näin maalla ja kaikesta kaukana samat. Varmaankin kaupungeissa vanhempia rakennuksia pistettiin surutta sileiksi ja rakennettiin uutta innokkaasti, laajennettiin kaupungin laitamia venytellen aina suurempia ja suurempia asutuskeskuksia. Kähkönen osasi nauttia omasta rauhastaan. Lähimpään naapuriin oli sievoinen matka, ei ollut vaaraa, että joku olisi häiriintynyt, jos hän vaikka helleaamuna alasti olisi kuistillaan pyllistellytkin aamu-uinnin jälkeen.

Kaupungeissa vilinä ja liikenteen humina, toisten ihmisten läheisyys ihan varmasti aktivoi ihmisiä eri tavalla, eläminen oli levottomampaa ja turvattomampaa, kuin maalla.

Sen saattoi aistia. Toisaalta levottomuus sinänsä taisi olla joillekin luonteenpiirre, mutta se saattoi myös olla kuin huumetta ja viedä keskittymiskyvyn kerta kaikkiaan. Asiakkaistaan hän sen näki, että kiire ja tolkuton hössötys pisti useinkin paikat remonttiin.

Ihmiset olivat kireitä kuin viulunkielet ja vaikka toisaalta sai olla iloinen taidostaan rentouttaa ihmiset, Kähkönen toivoi että ihmiset osaisivat rentoutua niin, että pysyisivät kunnossa ilmankin. Mielellään hän itse rentoutui kuunnellen luonnon ääniä, katsellen tulen loimotusta taikka vain taivaalla kumpuilevia pilvenhattaroita. Ajan varaaminen ihan vain itselleen, luontoon eläytyäkseen, se oli parasta lääkettä stressiin ja kiireeseen.

Vuodenkiertoa ihmissuhteissa

Aikain saatossa ehtivät ihmissuhteet muuttua monella tavalla. Viljami katseli, miten omat lapset kasvoivat aikuiseksi, perustivat perheitä ja kuinka nämäkin ajalle lisääntyivät ja nekin perilliset kasvoivat. Suhde omaankin vaimoon koki pitkällä matkalla nuoruudesta vanhuuteen pitkänlaisen evoluution. Yhdessä oli kestetty ankarat työvuodet ja nyt saatiin nauttia eläkepäivistä. Välillä rentouduttiin ja välillä vahdittiin lapsia. Viljami teki sen mitä jaksoi, hierontoja. Vaimo kävi vapaaehtoistöissä virkistäytymässä, että sai vähän virikettä päiviinsä.

Pienistä lapsista pienet murheet ja suurista lapsista sitten suuremmat, hän pohti, lukiessaan paikallisesta aviisista nuorison päihteiden käyttöön ja kouluammuskeluihin liittyen viikko toisensa perään surullisia uutisia. Mikähän sai nuoret pilaamaan elämänsä jo ennen kuin se alkoikaan? Oliko se nuoren tikan ajatus siitä, ettei lentoa tule koskaan koitettua jos ei heti hyppää kun siipisulat kuivuvat? Ihmiset olivat jotenkin kärsimättömiä, kyvyttömiä rentoutumaan ja rauhoittumaan, antamaan asioiden tulla ja

mennä. Mikäli ei olisi ollut vanhan liiton kasvatteja, ei var-
maankaan olisi enää edes vaimon kanssa yhdessä. Jo-
tenkin se näyttäytyi siltä, ettei kunnolla sitouduttu eikä yri-
tetty sietää vaikeuksia, sen kun mentiin pikapikaa naimi-
siin asioita miettimättä ja yhtä äkkinäisesti sitten erottiin.

Toisaalta Viljami näki, miten ahtaalle joutuneet ihmiset
purkivat ahdistustaan päihteisiin ja niinhän se sodan käy-
nyt sukupolvikin oli tehnyt. Tanssilavoja kiertäessä oli
vain tullut se nähtyä, että viinapäissään ihmiset sitten tyh-
myyksiä vasta tekivätkin. Eivätkö uskaltaneet olla ollen-
kaan omia itsejään selvinpäin, vai eivätkö kestäneet elä-
mistä jalat maassa ja hereillä? Eivätkö ihmiset tosiaan-
kaan osanneet nähdä, miten elämä muuttui ja aika muut-
tui, ettei mihinkään olisi kiire kun se ajan hammas puri
puremistaan joka tapauksessa.

Ahdistukseen Viljamilla oli oivallinen lääke: se oli sylittely.
Sylin tarve löytyi ihan pieneltä lapselta ja vanhuskin kai-
pasi lämmintä kosketusta. Saduissa suudelmilla tehtiin ih-
meitä. Viljami ei ollut lukumiehiä alkuunkaan, muta kuun-
nellessaan vaimon tarinankerrontaa lapsenlapsille hän

kyllä kuunteli toisella korvalla, kuinka kuolleistakin herätettiin suudelmalla. Yhtäkkiä alkoi huvittaa ja suuta muikistaa, että mitähän se Jeesus oli aikanaan Nasaretissa puuhaillut, tunnettu parantaja saattoi olla ihan oikeastikin rakkauden asialla.

Viljamille koko kristinusko oli kaunis satu siinä kuin muutkin, mutta sadun asteella oli ja pysyi. Kyllä paljon vaikuttavampaa ja tärkeämpää oli olla hereillä tässä päivässä ja mennä nukkumaan vaimokullan viereen kuin hyljepariskunta luodolle konsanaan. Siinä oli kelpo olla ja kuorsahdella yösydännä. Minnekä sitä muuannekaan enää olisi eksynyt.

Tervehdys, Aurora!

Isänpäivä on ohi, sain ristisanakirjan, karkkia, karvalakin ja työkintaita. En aio paljon käyttää niitä kintaita, ei vanha keho kestä enää miesten töitä. Ensi viikko ollaan vaimon kanssa Pärnussa kylpemässä. Lähdetään sunnuntaiaamulla aikaisin ja viikon päästä takaisin. En paljon vastaile puheluihin, enkä ainakaan sähköpostiini. Jalkani on harvinaisen vähäkipuinen. Olen ilmeisesti osannut olla tarpeeksi laiska vanhus. Keskityn hoidoissa enemmän rakkauden ja rentouden opettamiseen. Pitää rakastaa IT-SEÄÄN, silloin voi auttaa myös toisia rakastamaan. Pientähän se yhden ihmisen työ on, mutta alku kuitenkin. Talven tuntuja sinnekin!

Viljami

Nainenkin oli tahollaan melkoisessa purjeessa, taisi olla miehelle kova pala tuo omapäinen hinku ryhtyä opettelemaan vanhojen taitoja. Ehkä hänelle itselleen oli tehty se asia aikanaan helpoksi. Miehenä ja perheen päänä sai tehdä paljon päätöksiä eikä kukaan niitä kyseenalaistanut. Kun hän halusi soittaa ja laulaa, hän teki niin. Kun piti lähteä Kaustisille Loikkasen oppiin, hän lähti. Hän toteutti itseään ihan omaehtoisesti ja perhe taipui. Tällä naisella pienet lapsetkin toisinaan taisivat kaivata äitiään. Viljamin omat lapset olivat olleet aikuisia, kun hän oli oppiinsa ryhtynyt, joten se ei tainnut heihin sen kummemmin vaikuttaa. Nyt tuo nuori nainen oli kuitenkin aika lailla levoton, mennä tulla höselsi joka suuntaan.

Oppisikohan tuo koskaan istumaan paikallaan ja kuuntelemaan itseään? Kähkönen kohautti olkiaan. Hän oli oppinut, ettei ihmisiä parantunut kauhean paljon opettaa, eivät nämä siitä opetuksesta varsinaisesti hyötyneet. Se tiedon vastaanottaminen ja rauhoittuminen tapahtuivat kuin itsestään siinä hänen pöydällään. Aivan kuin sydämet olisivat puhuneet, siksi Viljami oli usein ihan hiljaa.

Kun ihminen sammutti mielensä, jokin syvempi voima ihmisessä otti hiljaisten käsien otteista sen lempeän tunnustelun vastaan ja sillä lailla ihmiset sulivat hänen kättensä alla. Pehmeällä ja leveällä otteella istuinluun kyhmyjen alta, sitten taas pyörittelevää liikettä kylkiluissa koko kämmenellä tai leveästi sormilla. Ranteissa ja nilkoissa oivalliset yhteen pisteeseen keskittyvät sormikoukut avasivat lihaksia pitkän matkan takaa.

Erilaiset elämänvaiheet rasittivat kroppaa liikaakin. Ihmiset eivät vain malttaneet rauhoittua kuuntelemaan, mitä se keho kaipasi. Syötiin hiilihydraatteja, sitten urheiltiin hulluna että poltettaisiin ne kalorit. Kähkönen ei sitten yhtään ymmärtänyt sitä yhtälöä. Vaikkei arki enää ollutkaan samanlaista hullutusta elikoidenhoidon ja maatilan hoidon tavoin, kaupungissakin piti sitten oikein rakennella se kauha stressi itselleen jostakin? Harrastusta harrastuksen perään, kiirettä kiireen tähden.

Viljami mietti pieniä lapsia. Eihän lasta se pilannut, että sai sen mitä kaipasi, esimerkiksi harrastusvälineet, mutta jos välineurheilulla ja tavaroilla ostettiin lapselta anteeksianto sille, ettei lapsen kanssa jaksettu edes viettää aikaa, eihän siitä mitään tullut. Toisaalta oli pakko kohdata se, etteipä sitä itsekään ehtinyt lastensa kanssa aikanaan aikaa viettää, eipä hänenkään isällään sitä aikaa liiemmälti ollut. Mutta nykyään aikuisilla olisi sitä aikaa lapsilleen ollut. Annettiinko sitä? Kähkönen pohti ihmisiä pöydällään. Hyvä, kun uskalsivat itsensä kohdata. Hyvä jos kestivät itseään selvistä päin, saati sitten lapsiaan, jotka vaativat kaiken ja vielä enemmänkin.

Lapsilla oli erikoisominaisuus, kyky nähdä läpi aikuisista. Viljami kuunteli vanhana miehenä lasten juttuja eri korvalla, olihan hänellä aika aja toisaalta kypsyyttäkin siihen eri tavalla. Kyllä se taisi niin mennä, että nykyihminen ei ollut saanut eväitä rauhoittua itsensä ääreen, vaikka siihen oli kaikki mahdolliset resurssit. Ja sitten sitä omaa itseä, jota ei kukaan ollut sietänyt eikä jaksanut, ei oikein siedetty eikä jaksettu itsekään. Sitten juostiin niitä tunteita ja ajatuksia ja pelkoja ja häpeitä karkuun sen, minkä vain kintuista pääsi - kaikenmaailman maratonien merkeissä. Ja taas sitä laskua sitten maksoi seuraava sukupolvi. Aikuisilla oli valta ja kunnia tehdä muutoksia lastensa elämään, mutta tehtiinkö niitä? Ei aina. Tehtiinkö itselleenkään hyvää, saati sitten niille, jotka sitä oikein lapaset ojossa vaativat? Harvemmin.

Lapset olivat tavattoman herkkiä ilmapuntareita. Aistivat aikuisten tunnelmista ja tarpeista paljon hienosävytteisemmin kaikenlaista, kuin uskoikaan. Siinä hänen lapsenlapsensakin sadunkerronnan lomassa toivat lasten parisuhdeongelmat julki niin, että vaimokullan kanssa sai vaihtaa huolestuneita katseita – mentiinkö taas liikaa vauhtia lasissa kohti pöpelikköä? Toisaalta lapsille neuvojen antaminen oli turhaa. Itsepä nuo hakkasivat tiensä männiköstä läpi. Eikä heiltä niitä oppiläksyjä oikein voinut riistääkään, jokaisen oli selvitettävä oma tiensä, mutta kyllä sitä joskus pelkästään lastenlasten takia toivoi, että voisi olla jonkinlainen haltiatarkummi tai velho, että voisi muuttaa ihmisten tietoisuutta ja tajuntaa. Että saisi todellista muutosta aikaan, eikä pelkkää kuurojen korvien kuminaa.

Asusteli ihmisessä aika syvällä tuo pesiminen ja poikasten hoitaminen, mutta mikä piru sitä ihmistä riivasi, että jätti sitten kuitenkin sen pesänsä hoidon vähän huonoille tolille? Kyllähän ne kriisit ihmistä kasvattivat ja kaikenlaista muutakin sitä saattoi höpöttää rikkiviisas lämpimikseen, muttei Viljami silti ymmärtänyt sitä, ettei lapsille näytetty rajoja eikä sitä rakkauttakaan. Asioille minkään mahtaminen oli perin huonolla tolalla nykymaailmassa ja se otti umpiluusta vanhaa miestä.

Kuinka ihminen saattoikin olla sellainen peto, joka hoiti huonoiten poikasensa koko eläinkunnasta? Niitäkin lastensuojelusta kumuavia painajaisia Viljami kammoksui. Oltiin jo päästy eroon huutolaisten kamalasta kohtelusta, tässäkö oli sitten uusi vastaava kansankerros? Ja miksi aina lapset olivat ne, jotka olivat heikoimmilla? Miten ihmeessä suojattomimpia ei suojellut kukaan? Miksi juuri

niiden puolustuskyvyttömien piti olla siellä villipetojen ar-
moilla? Kyllä on maailma kummalliseksi kiertynyt, ojasta
allikkoon, tuumi Viljami.

Tunnelukoista

Useasti kävi niin, että Kähkösen vastaanotolle marssi perättäin useampia samantapaisia tapauksia peräkanaa ja sellainen ajanjakso oli jälleen käynnissä. Ensinnä olivat rivissä polvivaivaiset, joilla oli elämänmuutoksien muutosvastarinta kovana ja polvet sitä kautta kipeytyneet. Sitten tuli lapavaivaisia, joiden itkemättömät itkut purkautuivat sitten hoidon edetessä pikku hissukseen. Lantioita raastoivat rahahuolet ja parisuhdeongelmat.

Päätetyöntekijät kanniskelivat maailman murheita hartioillaan ja niskavaivaiset elivät arvojaan vastaan joko töissä tai kotona – mutteivät oikein tuntuneet saavan hännän päästä kiinni mikä sitten varsinaisesti mättää. Osa ihmisistä kävi säännöllisesti vastaanotolla, vähän niin kuin vuosihuollossa tai rippipapilla, osa tarvitsi vain kerran hoitoa – ja muisti sen varmasti lopun ikäänsä.

Ihmisillä on taipumus ohittaa tunnemyrskynsä ja tunteensa, ja sitten varastoida ne kroppaansa, kun joko kulissien ylläpitämisen tarve, ns. järki tai sitten muuta vaativat olosuhteet pistivät ihmiset kääntämään päänsä pois siitä mikä on ihmiselle kaikkein kalleinta – oma itse ja oma terveys. Liian kauan siedettiin kestämätöntä perhetilannetta eikä kuunneltu sydämen ääntä vaikka munuaisten kustannuksella, tai sitten kärsittiin kamalista migreeneistä, korkeista verenpaineista, sairastuttiin reumatauteihin tai kasattiin itselleen syöpää.

Kyllä Kähkönen sen hyvin käsitti, että kuolla täällä täytyy ja harvoin kenenkään kroppa sairastumatta vanhaan ikään pääsi. Muisteli hän kuitenkin muuatta vanhusta terveyskeskusvierailullaan. Pitkänhuiskea mies lakananvalkoisena istuskeli hänen vieressään odottamassa vuoroaan laboratorioon. Anemia, tuumi Kähkönen ja jututti sitten hiukan miestä jonka katse hiukan harhaili. Taata näytti hänen ikäiseltään, että kävisi seitsemääkymmentä, mutta olikin jo yhdeksänkymppinen.

Mies kertoi vaisusti että verenvuoto oli hankala vaiva ja vatsakivut kovat, Viljami tietysti innostui tivaamaan ruokavaliota. Pappa kertoi itse kasvattavansa perunansa ja tomaattinsa ja huolehti ettei vain joutuisi moneksi päiväksi jäämään terveyskeskukseen vaikka kunto olikin verrattain huono. Parvekkeella sijaitseva tomaattiviljelmä nimittäin oli niin aurinkoisessa paikassa, että se tarvitsi välttämättä vettä joka päivä näin kesäkuumalla! Joka päivä mies söi munia ja tuoreita nokkosia henkensä pitimiksi. Kähkönen oli vaikuttunut, sodan käynyt mies ja noin hyvässä kunnossa että sai itse perunapeltonsa kuokittua. Hattua piti nostaa.

Tunnelukot varastoiduttuaan kroppaan alkoivat sitten ennen pitkää huomautella kantajalleen, että täällä olisi vikaa, josta kuuluisi huolehtia. Kähkönen ei ihan allekirjoittanut oppilastensa ajatuksia ajatusketjuista jotka sinne kehoon pakottautuivat, mutta näki kyllä tietynlaisen ajattelurakenteen ja itsetunnon heikkouden vaikuttavan syvästi ihmiseen. Kähkönen oli saanut oppia meridiaanijärjestelmästä ja myös energiakeskuksista kehossa ja tiesi niiden olevan kytkyksissä toisiinsa.

Helposti tunnisti hän ne alueet, joissa lämpötilan vaihtelu kertoi ongelmien pesivän – joskus oli niin tiukka paikka että käsiä poltti ja joskus tuntui viileältä kehon alue, energian kierto elimistössä oli näin ollen häiriintynyt, joskin siis hiukan eri mekanismilla ja sen hänelle lämpötilaero kertoi. Hän opetti oppilaansakin tähän kehon lämpötila-erojen tutkimiseen ja joillakin taito oli näpeissä heti, toiset tarvitsivat vahvistusta, hän piti käsiä näiden olkapäillä ja sai siten energioiden värähtelyn vahvistumaan tottumat-toman tasolle. Harjaantumista ja ymmärrystä siihen vain tarvittiin, että ne alueet oppi tuntemaan.

Tunnelukkoja eniten aiheuttivat tietenkin kansallistun-tomme häpeä, uskollisina seuralaisinaan pelko ja syylli-syys jotka raahasivat perässään kaunaa, kateutta ja kat-keruutta. Nämä tunteet ovat aina suhteellisia toisiin ihmi-siin – aina löytyy ne, jotka tulevat nämä tunteet tuomaan meille ja kertovat, että sen siis itse tunnemme. Onkin tär-keää alkaa rakastaa itseään, armahtaa itsensä nuoruu-den toilailuista, oppia rakentamaan itsetuntonsa sellai-selle pohjalle etteivät vainoavat ja piinaavat tunteet pääse niskan päälle ja sitä kautta vaurioita kehoa. Kolmi-kannan vastapari on kunnia, jota voima ja terveellinen yl-peys kannattelevat.

Omassa voimassaan seisovaa ihmistä, joka tietää te-

konsa ja olemisensa oikeutetuksi ja aiheelliseksi, ei tois-
ten pahinkaan arvostelu haavoita. Kähkönen muisteli
nuoruusvuosiaan, jolloin joutui avoimesti pilkan kohteeksi
heiveröisen rakenteensa ja karjalaisten evakkojuuriensa
takia. Armeijassa hän sai ensimmäisen kerran tasoitusta,
kun siellä pärjättiin tekemisten eikä ulkonäön tai taustan
perusteella. Siellä hänkin pääsi kasvamaan klopista mie-
heksi ja pääsi sen makuun, että arvostustakin voi elä-
mässä ansaita.

Musikaalisen nuoren miehen menestystä naismaailmas-
sakin saattoi arvailla, kun rytmitaju tanssimiseenkin oli
veressä ja siihen maailmanaikaan tanssin perusteella
kumppanit hyvin pitkälti valittiin. Kun sitä kautta hiljalleen
miehen tunto kasvi, ei sitä enää mikään horjuttanut vaan
oman elämän herroja oltiin niin hyvässä kuin pahassakin.
Vaikka Suomessa on jo useamman sukupolven sodaton
jakso, erilaiset edellisten sukupolvien suuret häpeät kulki-
vat vielä suvuissa – jos ei puhuttuina niin vaistomaisesti
siirrettyinä. Monesti ihmiset eivät oikein edes tienneet
mitä hävetään – piti vain niin kauheasti hävetä. Oli se sit-
ten opittua tai ei, siitä pitää ankarasti ponnistella irti,
tuumi Kähkönen.

Sukupolvia jäytivät sotia käyneiden miesten katkerat tunnot. Hirveäähän se todellisuus on niin sotiville miehille kuin raskasta vetovastuuta tunteneille kotijoukoillekin. Jo ennen kapinaa vaiettiin kuoliaaksi venäläisten suomalaisille tekemät hirmuteot Ison- ja Pikkuvihojen ajoilta. Kapinan jälkeen tehtiin lujasti työtä, että koko maa saatiin yhdeksi rintamaksi sotia käymään, eikä rivissä juuri horjuttu. Vaikka elämä sitten olikin sodan jälkeen puutteenalaista ja köyhää, oli siinä sentään lohtuna vapaus Neuvostoliiton ikeestä ja toivo paremmasta huomisesta.

Vaikka 1990-luvun alussa lama pyyhkäisikin Suomen vaivalla rakennetun hyvinvointiyhteiskunnan mennessään ja EU nielaisi loput, eivät siltikään suomalaisten olot olleet niin pahasti pielessä, kuin vaikka Virossa missä Neuvostoliitto koetteli rajusti kansakuntaa – Viljami osasi silti olla toisaalta sodasta kiitollinen, vaikka se olikin traumaattista, vaikeaa ja kotikonnut oli pitänyt jättää. Työ oli pitänyt periaatteessa ihmiset järjissään, mutta näki ja kuulihan ne miesten puheista ja vaivaisista kehoista, että sota oli lyönyt leimansa. Kotona puhumattomia miehiä useasti vei viina ja siitä sai perhe osansa.

Pojat oppivat isiensä temput ja monille jäi ikuinen kauhu siitä, kuinka kirvestä sai juosta karkuun. Yksin pärjäämään joutuneet äidit ja miestensä pieksämät vaimot eivät varmaankaan osanneet kauhalla antaa kun olivat lusikalla saaneet – ja niin jäi sitten nuoriso tunteiden käsittelyn taitoa vaille. Nykyään ihan varmasti toisella tavalla puhutaan elämänhallinnasta ja opetellaan kohtaamaan vaikeuksia, ennen vain ryhdyttiin työhön ja pakko oli jaksaa, ettei olisi leipä loppunut. Erilaista on elämänmeno, tuumi Kähkönen. Mutta ikiaikaisia ovat tunteet ja niiden kanssa pärjääminen.

Metsän vieressä asuvana tunsi hän puiden voiman – sinne saattoi viedä taakkansa huoletta, mäntypuiden puhisteltavaksi. Mäntyjen energiakenttä puhdistaa ihmisenkin energiakenttää. Milloin puristi viha päätä tai suru kuristi puserossa, oli metsäkävelyn paikka. Siellä puiden siimeksessä Viljami sai rauhoittua. Hongat huhuilivat ja kuiskivat ikiaikaisia kuiskeitaan ja taas saivat Kähkösen mietteet mittapuunsa, käymässä täällä vain ollaan ja hetkittäistä on kaikki murhe ja huoli. Saatuaan näin perspektiiviä, oli taas helpompi palata tiluksilleen ja toimiinsa. Tulen loimotuksen katselu pysäytti sitten mielen, iltasella saunanpesän tiirailu helpotti kaikenlaista vaivaa. Ja sauna se on suomalaisen kirkko, sinne jätetään huolet ja murheet, eikä tarvita välikäsiä. Puhdistumisen tunne tulee lopulta sisältä päin, kunhan uskaltaa päästää niistä vanhoista asioista irti ja antaa uusille elementeille elämässään tilaa.

Armon käsite on suomalaiselle vieras, kaikkialla korostuvat vaateet ja hyvä elämässä on ansaittava kovalla työllä. Anteeksi antamiseen liittyy irti päästäminen, mene rauhassa, ja sitten saa alkaa itsekin rakentaa elämäänsä aivan uusilta kantimilta. Kähkönen ei pitänyt nöyristelymentaliteetista, mutta oli rationaalinen monissa asioissa. Kalvavan kaunan kanniskelu oli työlästä ja turhauttavaa, kuka semmoista viitsii. Niinpä hän mielellään kehotti ihmisiä kääntämään katseensa tulevaan, ottamaan osansa hyvästä mitä tuleman piti. Haaveilemalla tulevasta ja tekemällä työtä toiveidensa eteen, sai lopulta aikaan tuloksiakin. Pohtimalla pilvien hopeareunuksia saattaisi sattumalta nähdä joskus muutakin loistavaa.

Työterveyden vikapainotukset

Puhelimen soidessa ja siihen vastatessa sai aina odottaa ihan mitä tahansa. Tällä kertaa Kähkönen sai potilaakseen tuttavansa, jolla oli vapaa-ajan riennoissa käsi nitkahtanut siihen malliin, että se haittasi jo nukkumista, puhumattakaan siitä, että sillä voisi töitäkään tehdä. Työterveydestä oli saatu varsin nihkeä lausunto, että kun ei työaikana ollut sattunut, niin eipä tuota kannattane kuvaamaankaan lähteä ainakaan heidän piikkinsä joten olkoon niin, ja kun kyseinen tuttava oli vähän persaukinenkin eikä vakuutusta ollut ja kunnanlääkärikin kiristi kunnan kukkaronnyörejä nimenomaan tutkimusten määräämisestä, suorin tie parantumiseen kulki usein Kähkösen pöydän kautta. Melkoinen pieni kuuluisuuskin tämä mies jo paikkakunnalla oli, uskottu ja luotettu yksilö monella taholla, vaikka saikin välillä piikikästä kritiikkiä paikallisessa aviisissa.

Toki Viljami potilaat ja rahat vastaanotti, mutta olisi monessa kohtaa suonut, että voisi olla joko suoraan työterveyden käytettävissä tai sitten niin, että työterveydenkin kautta voitaisiin paljon paremmin tutkia työikäisten terveyteen kokonaisvaltaisesti liittyviä asioita. Kunnan puolella harjoittelevat lääkärinplantut usein joko eivät silkkaa pelkoaan lähetelleet mihinkään tutkimuksiin tai sitten olivat saaneet suoran käskyn olla lähettämättä, kun rahatilanne kunnassa oli niin huono.

Kunta kustansi työterveyttä isolla rahalla. Moinen rahan ja resurssien kierrättäminen ei kulkenut Kähkösen ajattelumallissa mihinkään suuntaan, oli vain hölmöläisen peitonlyhennystä. Jos ei kerran tutkita ja hoideta ihmistä kokonaisvaltaisesti työssä käyvään kuntoon, mitä virkaa koko instanssilla oli? Sekin kismitti, että siihen eivät kaikki edes ole oikeutettuja joko pätkätyöläis- tai muulla perusteella.

Asemansa Kähkönen käsitti vallan mainiosti. Yhtäältä hän oli syvän kansan riveissä äärimäisen tarpeellinen mies, jakoi neuvoja oikealle ja vasemmalle siitä, kuinka terveyttään voi ja pitää hoitaa niin, että terveys on ja pysyy. Kähkönen korjasi monet monituiset vaivat niin, että vaikka rampana keppien kera tultiin, omin koivin pois käveltiin. Silti hän oli virallisen näkemyksen mukaan puoskarin asemassa vailla mitään lain suojaa, mikäli jokin asia ei ihan putkeen olisikaan mennyt. Kuitenkaan moni Kähkösen asiakkaista ei ollut saanut mitään apua perusterveydenhuollosta.

Hän ei halunnut pitää itseään minään ihmeparantajana, eikä varsinkaan vaihtoehtohoitajana. Hänen mielestään tämä hoito oli oikeaa ja ainoaa hoitoa, vaikka virallinen lääketiede olikin hänestä ihan jotain muuta mieltä. Hän koki asemansa paikallisena hierojana rationaalisena ja tarpeellisena, konkreettisena käsityöläisenä. Potilas kun saapui hänen vastaanotolleen, kokenut silmä erotti jo kävelyasennosta tietyt ongelma, joiden pohjalta saattoi lähteä hoitoa kaavoittamaan. Rentouttamisen taito oli perittyä, ehkä jonkinlainen intuitio oli sitten kehittynyt vuosien saatossa, jos tuosta otetaan noin tai tämä lihas on täällä näin niin kehossa syy-seuraus -suhteet näyttäytyivät kuin vuokaavioina hänen päässään.

Valmista rutiinia "näin aina teen" ei hänellä ollut, mutta kylläkin vankka ja tutkittu anatomian ymmärrys ja tulkinta

niin luista kuin lihaksistakin. Kirjaviisautta Viljami ei pitä-
nyt minään, kirjoista saatu tieto hänen ymmärryksensä
mukaan lähinnä rasitti päätä, mutta anatomiankirjansa
hän oli valinnut huolella ja osasi sen ulkoa. Opetuslap-
sensa hän valikoi tarkkaan. Jokin terveydenhuollon poh-
jatutkinto piti olla, että oppilas ymmärsi, mistä on kysy-
mys ja mitä mokailuista voi seurata.

Käsivaivaisen naapurinmuorinkin, Mirjamin, hän otti vas-
taan. Nainen teki itse pitkää päivää läheisessä sairaa-
lassa, piti läheisistään hyvin huolta. Vanhanaikaisesti kyl-
vetti äitinsä ja saunotti viikoittain, hoiteli miniänsä ja lap-
set, leipoi lähipiirin kaikki juhlat, siivosi ja huushollasi
minkä kerkesi. Ennen pitkää käsivaiva alkoi haitata har-
rastusta, toisin sanoen käsitöitä ja niin, siitä tärkeintä, eli
nukkumista. Jalat olivat naisella kääntyneet aivan sisään-
päin, vyötäröäkin oli kertynyt ja yövalvomisten tai rankko-
jen päivävuoroputkienkin tullen naisella tykytti pumpusta
niin, että henkeä salpasi. Epäsäännöllinen rytmi pakotti
naisen syömään miten sattui ja korjaamaan väsymys-
täänkin syömisellä.

Sairas äiti rasitti niin ikään tunnepuolta, mikään ei koskaan riittänyt ja sisarukset olivat aina vain parempia. Tämäkin oli kyllä sinänsä tuttu ja murheellinen kuvio monellakin asiakkaalla. Ei sitä hyväksyntää ostamalla keneltäkään saanut, jos sitä ei ollut olemassaan. Eipä silti, Kähkösellä oli kiittäminen vaimoaan siitä, että hän hoiti Kähkösen vanhemmat peräkamariin silloin, kun Kähkönen itse vouhkasi töissään ja toimissaan isäntänä. Työterveydestä Mirjami ei kuitenkaan vaivoihinsa apua saanut, unipilleri ei tuonut unirytmiä tai mielenrauhaa. Käsityöt ja lapsenlapset pitivät naisen jotakuinkin järjissään ja Viljami kehotellen yritti saada naisen näkemään, että tämä itse oli vastuussa elämänrytmistään. Antaa nuorten puhkua vuorotyössä ylimääräiset energiansa, hittojako tämä oman verisuonistonsa tuhoaa!

Nyt helpompi työ ja rytmi elämään, sitä kautta kehonkin solmut aukeavat. Liiaksi nurkkaan ajettu ja ahdistunut ihminen alkaakin kenkkuilla läheisilleen, kun kokee vaatimukset liiallisina. Mirjami kun oli erikseen huolissaan siitä, ettei olisi halunnut ärsyyntyä sairaaseen äitiinsä, mutta koki erilaiset paineet liian raskaina ja äiti vaati kaiken aikaa enemmän antamatta kiitoksen sanaa takaisin.

Vähemmästäkin sitä ärsyyntyy. Ärtymys saa kallon lihakset kiristymään, kun hampaita kiristellään, niskan jumahdettua lapaluutkin soivat ja sen jälkeen ei kohta tule kävelystäkään mitään. Työterveydestä nainen siis ei saanut apua, tukea saati lohtua, mistä sitten?

Työelämä tuntui vaativan ihmisiltä viimeisetkin mehut. Mirjamikin kertoi, että palavereissa toistuvasti kehotettiin lepäämään vapaa-aikana, että sitten töissä jaksaisi antaa kaikkensa. Ei sitä Viljami oikein ymmärtänyt. Jos työ jo noin kovasti haittasi harrastusta ja toisaalta kuntokin laskee, pitäisi ymmärtää työpaikallakin, että jotain on pielessä. Työelämän alttarille ei tarvitsisi itseään kokonaan uhrata – sittenhän sitä eläkkeelläkin on tyhjän päällä. Missä ovat kaikki ihmiset, jotka kannattelisivat tyhjiössä, kun heidät on työn vuoksi jouduttu sysäämään syrjään?

Eläkkeelle jääminen onkin melkoinen pinne, koska sosiaalinen verkosto ja elämisen mielekkyys monella tulee nimenomaan työelämästä. Viljamin mielestä ihmisten hoitaminen oli hänelle niin tärkeää, hän ei kestänyt ajatella kituvia ihmisiä eikä varsinkaan potilaitaan leikkausjonoissa, joten hän hoiti heitä vielä eläkkeelläkin. Osittain se oli itsekästä, auttajan varjo, välillä hänestä oli suorastaan hurmaavaa ja imartelua, kun hän oli niin tarvittu. Mutta toisinaan taas hoidettavasta näki, että tämä kävi jostain ihan muusta syystä, kuin hoidon takia, ja Kähkönen sitten rajoittikin näitä ihmisiä ankarasti, lähetti toisaalle hoitoon, jottei syntyisi riippuvuussuhdetta. Hoito hoitona, oli hänen mottonsa.

Korvattavuus-systeemikin otti Kähköstä otsalohkosta. Monet työpaikat pakottivat hakemaan KELA-korvattavia hierojia, joiden hieronta oli kuitenkin pelkkää lihasnylkytystä vailla todellista tehoa. Hoidon jälkeen olikin sitten potilaalla pahemmin niska kipeä ja armoton päänsärky, kuin ennen hierontaa eikä se ollut tarkoitus ollenkaan, eihän? Rahoja syydettiin aivan väärään osoitteeseen siis ja aivan väärin perustein. Näitä "ammattilaisten" jälkiä hän sai sitten korjailla ja toivoi monta kertaa, että hierojista pidettäisiin lukua, seurattaisiin vaikka viskaalin alaisuudessa, että kenen hoito auttaa ja kenen ei.

Juurettomuudesta

Vaikkei Kähkönen koskaan Karjalassa pienenä asunut-
kaan, veren vimma kotikunnaille oli valtava. Siitä huoli-
matta, että kielikin niistettiin jo heti koulussa ankaran pilk-
kaamisen jälkeen, heti ensimmäisenä päivänä loppui kar-
jalainen murre. Ja vaikka itse olikin olosuhteiden uhri, ko-
tikonnuille ei päässyt enää, hän ei oikein ymmärtänyt pa-
kolaisia tai muita yhteiskunnan siipeilijöitä. Viljami oli itse
tehnyt ankarasti työtä koko ikänsä saadakseen paikkansa
ja pitääkseen sen, joten rikollisuus ja muu joutilaisuus
korvensivat hänen mieltään.

Toisaalta juurettomuudessa oli sekin hyvä puoli, että oli
pakko opetella ajattelemaan omilla aivoillaan. Piti tietää
mitä mieltä mistäkin asiasta oli, ja ennen kaikkea miksi.
Omassa perheessään Viljami oli ehdoton auktoriteetti,
joka viime kädessä antoi päätöksen siitä, mihin mentiin ja
koska vaikka lomamatkalle, miten tietyt rutiinit ja asiat
hoidettiin.

Vanhan liiton miehiä oli kylillä muitakin. Moni heistä oli

tullut muualta ja kovalla työllä lunastaneet tiluksensa it-
selleen. Niinpä olikin katkeraa, jos vaikkapa oma poika
jatkoi viljelyksiä sujuvasti, mutta miniät pistivät hanttiin ja
saivat kovan työn valumaan suorastaan hukkaan. Äijät
kun istuivat kirkolla kahvilassa suutaan soittamassa, aika
moni purki sydäntään, kuinka ahneita ja vaateliaita miniät
olivat. Enää ei ymmärretty, että nainen hoitaa huushollin
ja mies ulkotyöt. Tai että miehen paikka ei ole lapsenlik-
kana. Vasta isompinahan niitä kakaroita alettiin metsällä
ja touoilla retuuttaa, eikö se naisille mennyt jakeluun.

Toisaalta, monenlaisia muitakin naismalleja tarvittiin, eipä
se yksin maatalon emäntä ollut se ainoa oikea. Olipa
Kähkönen saanut oppilaakseen yhden talon miniän, kun
tämä selvästi osoitti taipumusta, vaikkakin appiukon sel-
vän pahennuksen alaisena. Kaikkein pahinta oli maitten
ja omaisuuden jakaminen lasten kesken. Tilan pilkkomi-
nen ei käynyt järkeen, eihän sitten olisi mitä viljellä, ja mi-
ten niitä yhäti pienenviä plänttejä jälleen seuraaville suku-
polville sitten jaettaisiin? Kähköstä ihan kylmäsi.

Mielenterveyttä järkyttäviä taisteluita käytiin sisarusten

kesken, eräskin isäntä sai tappouhkauksia omalta tyttä-
reltään. Aikanaan tytär ei ollut kiinnostunut tilasta, vaan
poika otti tilukset ja tyttäret saivat sitten rahaa. Nyt se ty-
tär katkeroituneena sitten kävi isän kimppuun milloin pille-
rein, milloin veitsin, vaikka asia ei enää edes hänen kä-
sissään ollut – tilaa piti poika ja piste. Surullista oli kat-
sella vierestä sitäkin pariskuntaa, jolla ei ollut niitä lapsia
ollenkaan, joka sitten joutui iällä ensin luopumaan elu-
koistaan, sitten pelloistaan ja kun emäntä sitten joutui sai-
rauksien runtelemana vuoteenomaksi vaivaistaloon, oli
isäntä yksin nivelrikkoineen pohtimassa, kenelle tiluk-
sensa siitä sitten möisi. Vaikkei se mammona ollutkaan
kaikki kaikessa, on niissä tiluksissa kiinni sentään elä-
mäntyö, Kähkönen tuumi.

Erilaista juurettomuutta se oli se kaupunkilaistenkin
elämä, Kähkönen tuumi lehteään lukiessaan. Ei paikkaa
mihin mennä, ei mitään työtä toimettomalle. Ennen van-
haan kaikkiin töihin tarvittiin ihmisiä ja sitä kautta tuli ole-
miseen ja elämiseen mielekkyyttä. Olihan se traktori tie-
tysti hieno peli ajella, mutta aika monen miehen työn se
teki tarpeettomaksi. Tai vaatturit, kun ulkomailta tuotettiin
viraatonta lapsityövoimalla teetettyä lumppua. Välillä

Kähkönen koki itsensä onnekkaaksi ja välillä onnetto-
maksi, välillä ylikriittiseksi ja välillä liiankin lepsuksi, kun ei
kyennyt puuttumaan yhteiskunnan ongelmiin vaikka näki
niitä ihmisissä ja ympärillään enemmänkin. Virtahepoja
riitti ihmisten olohuoneissa enemmän ja vähemmän,
mutta eiväthän ihmiset niitä itse noteeranneet. Viina ja
sokeri ne veivät suomalaista liiankin kanssa. Lasten hoi-
tokin oli lehtien mukaan vallan retuperällä. Ennen sen-
tään isommat yhteisöt mummeineen ja työväkineen piti-
vät lapsille jotain rotia, etteivät vallan jo nuorina rötöstele-
mään ehtineet, talikon kun oli pysyttävä jo pienestä kä-
dessä. Vauhtisokeuttakin oli. Tavallinen arki ei kellekään
enää ollut mitään.

Pakolaisuuttakin Viljami usein pohdiskeli. Tuskinpa sieltä
kaukaa etelän maistakaan aivan huvikseen karkuun läh-
dettiin sosiaalitukia pummaamaan, mutta sitä todelli-
suutta oli vaikea nähdä, kun sitä ei ollut elänyt. Viljami
muisti katkerasti omista kokemuksistaan ne vaikeat hä-
peän ja nöyryytyksen hetket pilkkaamisen kohteena, kun
evakkolapsia vielä höykytettiin. Lähellä olivat vielä huuto-

laisajat, kun lapset vielä raastettiin äitien sylistä kuka mihinkin taloon navettarengeiksi, hyvä jos oli vaatettakaan päällä. Varmasti on jäänyt ihmisten sieluun ikuiset arvet siitä, että on pidetty kuin eläintä, edes ihmisiksi ei kaikkia kohdeltu. Sotalasten retuutus Suomen ja Ruotsin välillä oli myös vaikea asia pohdittavaksi. Mikä on se pohja, kun tuntuu että pois on annettu eikä kelpaa missään päin, kun ei olekaan mistään kotoisin?

Nykynuoriso taas tuntuu olevan vailla juuria, kun muutetaan paikasta toiseen moneen kertaan työn perässä eikä kiinnittymiskohtaa ole missään, paitsi virtuaalimaailmassa, netissä. Muistui eräs asiakas Viljamille mieleen, kun hän kertoi että sairastumiseen suurin syy oli hätä siitä, kuinka äiti oli todennut tälle joskus että "olis sut sittenkin pitänyt antaa pois lastenkotiin". Sellainen jätti hirvittävät arvet ihmisen sieluun. Nainen kyllä sen itsekin totesi, että se haavoittunut lapsi pitää hoitaa ehjäksi omin konstein – onneksi nainen itse oli osannut omille lapsilleen tarjota syliä ja lämpöä, vaikkei sitä ollut itse liiemmälti saanut. Isä oli sittenkin ollut siinäkin perheessä jonkinlainen perusturva, vaikkei arjessa paljon ehtinytkään töiltänsä olla.

Maailmanhistorian mittakaavaan suhteutettuna taas or-
juus oli läsnä vielä tänäänkin, valkoinen orjakauppa ja
lapsikauppa oli aivan tavallista eikä sitä pidetty minään,
prostituutiotahan sillä ylläpidettiin. Ja toisaalta oli aivan
turhanpäiväistä ja tyhjää rokottaa ja sakottaa näitä naisia,
syyttää systeemin uhria ja alennettua ihmistä siitä, että
järjestelmälle oli hyväksikäyttäjiä ja organisaattoreita
vaikka millä mitalla. Maailman vanhinta ammattia tarvittiin
edelleen huolimatta vapautuneesta maailmasta ja mah-
dollisuudesta toisenkin laisiin ratkaisuihin. Viljamia kylmä-
sivät myös katulasten kohtalot eri puolilla maailmaa –
huumeet, AIDS, prostituutio. Suuri osa katulapsista oli
tiellään siksi, että vanhemmat eivät osanneet tai jaksa-
neet välittää.

Viljami oli kovasti vastaan globaalia katolista kirkkoa sen-
kin vuoksi, että lyhytnäköisyydessään ja kieltäessään eh-
käisyn sekä abortin he kasvattivat katulasten ja kärsivien
joukkiota, turhaan kuormittivat myös maapallon resurs-
seja. Oliko se sitten hirveästi paljon autuaampaa antaa
lasten kitua ja kärsiä kaduilla, kuin tappaa nämä ei-toivo-

tut sikiöt jo ennen syntymäänsä? Kähkönen näki maailman mielellään onnellisten ja toivottujen lasten kansoittamana, eikä maailma Suomen itärajankaan takana näyttänyt ollenkaan sellaiselta. Onneksi oli paljon niitä, jotka tekivät aktiivista työtä lasten hyvinvoinnin edistämiseksi, perustivat orpokoteja sekä veivät ylimääräistä tavaraa sinne, missä oli puutetta.

Jälleen kivisti sydäntä ajatella kaikkea sitä turhuutta ja väkivaltaa, Viljami toivoi sellaista yhteiskuntaa tulevaksi joka auttaisi ihmiset pois sorron ikeestä. Sotimiseen, valloittamiseen ja häviämiseen on orjakauppa kuulunut aina ja siitä on tarkasti raportoitu myös Raamatussa, millä periaatteilla mitäkin orjaa kohdeltiin ja millaisia oikeuksia heillä oli. Tarkkaan ottaen naistenkin asema taisi muinaisessa maailmassa tulla edes jotenkin todennetuksi kun naisesta tehtiin omaisuutta. Nykyisessä suomalaisessa yhteiskunnassa

Viljami näki hyväksi sen, että todellakin oli naisilla oma sanan- ja uskonnonvapautensa, kehoonsa omistus- ja päätäntävalta. Nainen sai määrätä menonsa ja tulonsa, rahansa ja kehonsa koskemattomuudesta, vaikka tuomiot näistä kajoamisista olivatkin aivan naurettavia. Maailma oli sentään mennyt eteenpäin kahdessa tuhannessa vuodessa, ja jopa aivan viimeisen sadan vuoden aikana oli naiselle ilmaantunut muitakin olemisen ja elämisen tasoja, kuin olla pelkkä synnyttäjä tai huushollerska ja näin muodoin naisella oli myös paremmat keinot suojella lapsiaan sekä omaa omaisuuttaan. Näki Viljami senkin, että myös miehen olemisen tasot olivat muuttuneet.

Rauhan pitkä aika takasi mahdollisuuden tehdä pitkäjänteisesti työtä jota halusi ja osasi tehdä. Miehellä oli myös vara, tilaa ja aikaa ottaa osaa pesimiseen ja olla isä lapselleen. Ehti hän itsekin aivan toisella tavalla touhuta lastensa kanssa, kuin oma isänsä aikanaan, ja sykähdytti nähdä poika omien poikiensa kanssa pelloilla työn touhussa, näki että omat lapset olivat sinne samoihin peltoihin ja multiin juurtuneet kuin hän itsekin aikanaan.

Kansantaudeista

Vuoden kierrossa maisemat vaihtuivat Kähkösen kahvi-
pöydässäkin ja tarjosivat alati virkistäviä tilaisuuksia
ihailla luontoa, sen monimuotoisuutta ja rikkautta. Yhtenä
aikana hän huomasi ihailevansa lumen kinostuksia, sen
kermakakkumaisia kerrostumia pihamaalla. Ja toisinaan
taas sänkipelto oikein kiilsi, kun hämähäkit ehtivät seitit-
tää pellon ennen maamiesten toimeen ryhtymistä. Niin
paljon kuin viljapellot häntä viehättivät, kuinka moniaita
työtunteja itsekin oli niiden hoidon parissa viettänyt, ne
saivat Kähkösen aina ajattelemaan ihmisten vyötärönym-
pärystää.

Käytyään tohtorissa itsekin, vaikka olikin melko soukka
mies, oli hän saanut kuulla että sokeriarvot olivat jälleen
kohollaan. Sekös häntä kismitti. Peruna olisi hyvää ja
ruisleipä vallan ihanaa syödä, mutta hiilihydraattien mää-
rää oli vakavasti syytä jälleen rajoittaa. Vaikka hän olikin
itse laihanpuoleinen mies, hän näki ympärillään pulskistu-
van kansan ja sydäntä riipi. Pöydällekin eksyi tuon tuos-
takin niin pyyleviä ihmisiä, että lihasten etsintä oli työn ta-
kana.

Ja toinen ääripää olikin sitten kevyt-sitä ja kevyt-tätä -ruokailu. Lisäaineita, sakeuttajia, steariinia, kaikenlaista iljetystä sitä ihmisille syötettiinkin. Kähkönen kuulosti ajoittain saarnaajalta, kun innostui puhumaan oikein lääkärin lanseeraamasta ruokavalosta, missä kaikki on laskettu kohdalleen. Rasvaa, läskiä, makkaraa, lihaa, kuituja ja kasviksia sai syödä vaikka kuinka, mutta hedelmiä ja viljoja piti välttää. Ihmisen maksa on tottunut varsinkin täällä pohjoisessa varastoimaan ruokaa ja kun sitä saa hiilihydraattien eli sokereiden muodossa liikaakin, maksa sekoaa. Karkeasti yksinkertaistaen tämä on perussyy.

Ruokavalion toteuttamisen aloittaminenkin vaatii pitkäjänteisyyttä, koska maksalla kestää toipua sokereiden aiheuttamasta hullunmyllystä joillakin jopa yli puoli vuotta ja vasta tällöin alkavat hyödyt dieetistä näkyä. Monien ihmisten hän oli todennut silmiensä edessä alkaneen voida paremmin, kun viljatuotteet on niistetty ruokavaliosta pois. Keho pystyi oikein lasketuista kasvis-rasva-proteiini-suhteista imemään itseensä tarpeellisia määriä ravintoaineita – joskin sinkkiä ja magnesiumia pitäisi syödä purkista, koska niiden saanti on puutteellista.

Kähköstä pänni sekin, kun sai ohjeet mennä tapaamaan diabeteshoitajaa, ja sai luonnollisesti ravitsemusohjausta vastaanotolla. Varsin perusteellisesti koulutuksessaan anatomiaan sekä fysiologiaan perehtynyt Kähkönen oikein suuttui, kun näki lautasmallin, jossa noin puolet energiantarpeesta piti saada hiilihydraateista. Kähkönen yritti olla joviaali ja kaunopuheinen ja toivoi, ettei loukkaisi tätä nuorta neitosta, joka joutui lopulta tunnustamaan, ettei tiennyt kehon mekanismeista juurikaan mitään, mutta Kähköselle tuli melkoinen hinku vähän valistaa neitiä siitä, kuinka keho ravintoa käsittelee ja millaista ravinnon tulisi olla, jotta sen käyttö olisi optimaalista.

Kehnommissa ravitsemuksellisissa oloissahan kansantautimme diabetes ei ollut oikeastaan huono ominaisuus ollenkaan. Keskitysleirillä tai muun nälänhädän aikana se periytyvä ominaisuus saattoi vaikka pelastaa hengen. Mutta nyt, kun ravintoa ja jopa vääränlaista, tunki joka tuutista, se näkyi vyötäröllä. Se vaurioitti vakavasti verisuonia ja munuaisia, sydäntäkin ja sai aikaan monenlaista kiusaa. Liian usein se myös todettiin vähän turhan myöhään, jolloin vahinkoa oli jo tapahtunut.

Ajattelipa hän muuatta maatilan isäntää, joka jo nuorena miehenä sairastui ankaraan diabetekseen – lääkkeillä tauti olisi hyvin pysynyt kurissa, mutta ihotauti siitä alkoi oireilla niin, että insuliineille jouduttiin. Vaikka mies pysyi ruodussa kun vaimo lappoi säännöllisin väliajoin ruokaa pöytään, veivät pitenevät juopotteluputket, ahdistus ja tuska asioiden hoitamisesta, miehen aina vain surkeampaan kuntoon. Mies silloin tällöin soitteli juovuspäissään, valitteli maailman menoa kun ei sitä saanut oman mielen mukaiseksi saanut menemään, kadehti häntäkin ja pariskunnan kestävää rakkautta. Jaloista hävisi asteittain tunto ja miehen oli vaikeaa kävellä, kun happi loppui, kunto heikentyi melko äkisti. Nuorehko mies menehtyi sairaseläkkeen saatuaan melko pian, pumppu ei yksinkertaisesti kestänyt.

Diagnoosikin saatiin verrattain myöhään, kun sille enää ei ollut mitään tehtävissä. Koska mies ei kuitenkaan polttanut, uniapneaan sai laitteen avuksi, mutta sai siitä paljon ollut apua, kun sitä ei oikein pystynyt pitämään naamalla ja säännöllinen aamuyöstä herääminen oli vakava ongelma. Verisuoniongelmista sekin kai johtui, polte jaloissa äityi sellaiseksi, ettei nukuttua saanut. Ja kaikkeen tähän tuskaan ja kipuun ja hätään, jota ei oikein saanut selitettyäkään, sitten piti ryypätä. Kähköstä suretti sekin ihmiskohtalo. Varmasti olisi ollut lahjakkaalla sanamiehellä paljon annettavaa vielä jälkipolville, kun olisi voinut eläkkeellä ollessaan kynäillä ne teokset, jotka odottivat syntymistään kaiken kiireen takana.

Kähköstä kiusasi se, että ihmisiä ei laitettu elämänsä suhteen tekemään valintoja – että se on joko verisuonistosi tai tämä ruokavalio. Ei, annettiin hövelisti pilleriä oikealle ja vasemmalle, hoitamaan oiretta eikä syytä. Lisäksi pillereiden päällekkäiset vaikutukset saivat aikaan elimistön lopullisen sekoamisen. Ja kun vielä sitten väärään syömiseen ohjataan, se on hulluinta kaikesta. Kähkönen huokaili ja joi kahviaan, pohti kuinka saisi ihmiset ymmärtämään tämän yhden hauskan lauseen: oman elämänsä sankari. Meillä jokaisella on valta päättää omasta elämästämme. Ikääntyessään Kähkönen näki ikätovereidensa sairastuvan ja kurjistuvan. Jos kaikella ja kaikilla oli määräaikansa, miksi elää kuin pellossa yksi aika ja kärsiä vakavista seurauksista sitten loppuaika, oli se sitten pitkä tai lyhyt?

Varsinkaan insuliinihoitoisen diabeteksen kanssa painiminen ei kiinnostanut kovin montaa ihmistä – ja kuitenkin väärin syöminen jo nuorella iällä ohjaa suoraan tähän kurimukseen. Ehkä se oli sen sisäisen ja ulkoisen todellisuuden vastaamattomuus. Eivätkö ihmiset katsoneet peiliin? Mistä saataisiin niitä totuusmoottoreita, jotka saisivat ihmiset näkemään muutoksen itsessään? Niinhän sitä kerrottiin että Loirikin näki itsensä kunnolla vasta dokumentissa ja ymmärsi alkaa tehdä asialle jotakin. Onneksi antoi kasvonsa diabetesprojektiin. Mutta kuka antaisi kasvonsa vähille hiilihydraateille?

Miettiessään aikoja taaksepäin, ei hänkään nuorena miehenä ehkä olisi mitään guruja noin vain lähtenytkään seuraamaan – kyllä se oli se koulutus, lääkäri joka opetti kädestä pitäen elimistön toiminnan ja sitä kautta sai aikaan hänessäkin ymmärryksen ihmeen. Kysymyshän on lopulta jokaisen ihmisen perusasioista, siitä mitä kaikilla on ihon alla. Ehkä se on tavallaan armeliastakin, ettei nuorena miehenä näe vanhuutensa päiviä. Joskus sitä toivoi, että voisi vähän ohjata sitä nuorta itseään, ettei kaikkiin hölmöyksiin ryhtyisi ja repisi itseään liiaksi. Itseään voi huoltaa ja ajatella niitä vanhuuden päiviään, syödä nyt vähän vähemmän munkkia ja nauttia ne munkkikahvit vaikka sitten vanhainkodilla, kun lapsenlapset vievät kahville miehen, jolla on vielä ne jalat tallella.

Valitettavan usein yksi tauti johtaa toiseen. Sydän- ja verisuonisairaudet olivat kavalia. Ne saivat hiljalleen ihmisestä otteen vaihdevuosi-iässä, kun juuri alkoi muuten päästä elämässä tolpilleen lasten kasvettua ja lennettyä pesästä. Monenlaista tykytystä, painetta ala- tai yläkanttiin, särkyä ja kolotusta. Ensin pikkuhiljaa kalkkeutuivat suonet, sitten tukkeentuivat ja lopulta varpaat sinersivät. Eikä yksin ruokavalio, vaan myös viina toisena ja sen teettämät lieveilmiöt pahentamassa asiain laitaa. Turhan moni suomipoika lääkitsi itseään ja uniongelmiaan viinaksilla. Vyötärön ja vatsan kasvaessa uniapnea alkoi nostaa päätään.

Ainoa oikea uniasento Viljamin mielestä oli selällään, ja uniapneasta kärsivä ei voikaan siinä asennossa nukkua, varsinkin napanterin otettuaan kuorsaus oli jo aivan karmeissa mittasuhteissa, häiritsi unenlaatuakin kun teki tukehduksen tunteen. Huono lepo vaikutti taasen aivojen hormonitoimintaan ja sitä kautta jälleen verisuoniin. Kierre onkin pystyssä. Ja kun sen viinan kanssa oikein alkaa läträtä, seurauksena ovat hermostoviat jaloissa, vakavammasta päästä muotoja on ns. katkokävely.

Moni valvoo yönsä, kun jalat oikein pinnertävät, ovat levottomat eikä saa oikein nukuttuakaan. Kun ei nuku niin väsyttää ja se väsymys taas ruokkii ylensyömistä. Väsyneenä ja oravanpyörässä ei ehkä sitä asiaa ihan sillä tavalla ajattele. Ehkä pitäisi ajatella, enne kuin äkkipysäys tulee, koska kaikille se tulee ennemmin tai myöhemmin, pohti Viljami. Tuli se pysäys hänellekin.

Viljami muisteli kaiholla vanhoja aikoja, kuinka päivässä ja aterioissa oli rytmi. Tuhti aamiainen riitti kymmenkahveihin saakka, puolen päivän tienoilla taas lounasta ja kolmelta kahvia, päivälliselle tultiin jo porukalla ja iltapala ennen maatapanoa. Tosin, syödessään antaumuksella oppi-isänsä ohjeiden mukaan, riitti se yksikin ateria päivässä kun söi sitä munaa, makkaraa ja pekonia kunnon satsin. Ei heitellyt verensokeri eikä tullut nälkä. Mutta nyt, otettuaan sokereiden hillitsemiseen tarkoitetun lääkkeensä, oli pakko tulla syömään ajoissa, ettei sokeri laskisi vallan liian alas.

Pasianssissakin alkoivat kortit viirata rivissä ja kädet täristä niin, ettei tahtonut saada tietokonetta sammuksiin. Rytmiin oli palaaminen, mutta ehkä se oli suurin syy kaikista, miksi ihmiset eivät saaneet konttoreissaan syödyksi asiallisesti? Ostettiin kaupasta mitä sattuu evääksi suunnittelematta sen kummemmin, hotkittiin jotakin jossakin välissä kun vaan ehdittiin? Ruoassa ei ole laatua eikä määrää, tuumi Viljami, ja mietti millä kaikilla konsteilla saisi asioita nostettua asiakkaidensa kanssa esille. Toiset olivat niin herkkiä, pelkäsivät ja kammosivat arvostelua, ja toiset taas ottivat kaikki neuvot kiitollisena vastaan. Koskaan ei oikein voinut tietää, mitä vastaan oli tulossa. Aterian päälle Viljami puhdisti lautaseltaan salaatinkastikkeet pienellä leivänpalalla taiten. Nuuka mies, puutteesta kärsinyt, ei sallinut pois heitettävän sitä hyvää, minkä oli lautaselleen saanut.

Kohtaamisia

Kaupoilla kiertely oli Viljamille sosiaalisena miehenä mieluista puuhaa. Ihmisiä katsellessa saattoi katsella, miten ihmiset kehoaan käyttivät ja millaista elämää nämä asentojensa perusteella näyttivät viettävän. Ostoskärryyn salavihkaa tuotteita valikoidessaan saattoi kakkuloiden yli arvioida tiskillä vieressä seisoskelevia uupuneita perheenäitejä, alennustuotteita penkovia eläkeläisiä ja karkkihyllyllä mesovaa nuorisoa.

Heti vihannestiskillä katse osui naiseen, joka valikoi hyvinkin tarkasti arvioiden luomutuotteita. Lantio oli vääntynyt hiukan oikeavoittoiseen seisoma-asentoon, näytti vähän tuo taloudellinen status naista mietityttävän. Turkin alla vinossa kenottava niska antoi viitettä siitä, että jotenkin oli luovuus hukassa, ehkä sitä sai sitten toteuttaa salaattia loihtiessa. Juustohyllyllä vastaan köpötteli lihavansorttinen eläkeläismies kakkulat nenällä keikkuen hyvin samaan tapaan, kuin hänellä itselläänkin. Siinä oli kasvoilla pöhötystä kielien A-tarvikkeen ylenpalttisesta nautiskelusta ja myös vatsanseutu kieli muunkin ravitsemuksellisen itsehemmottelun olevan terveydelle vaarallisella asteella.

Ihminen ei tainnut ajatella aina, että "itseen panostaminen" tarkoitti välillä itsekuria eikä ainoastaan hemmottelua. Kähkönen puisteli päätään ja siirtyi kärryihinsä nojaten kohti maitohyllyä. Rahkoja vertailemassa hän näki ontuvan nuoren miehen, joka virtaviivaisuudestaan päätellen paitsi karppasi ja söi hyvin, mille Kähkönen ajatuksissaan jopa hyväksyvästi nyökytteli, mutta ontuminen kieli luupiikistä tai polven rasituksesta. Ettei vain treenattaisi liikaa. Sille piti taas puistella päätään, johan oli ikävän näköistä menoa.

Siihen kun pääsisi vaikuttamaan, että nuoriso välttelisi itsensä loppuun polttamista. Kassalla Kähkönen kiinnitti huomiota kassaneidin kynsiin. Pitkittäin viiruuntuneet kynnet kielivät sinkin puutteesta ja neiti punastuikin, kun Viljami lausui pari kohteliaisuutta ja vihjaisi sinkin hyödyllisyydestä ennestäänkin jo kauniin naisen lisäsulostuttamiseksi. Viljami pakkasi ostoksensa autoon ja hurautti kohti kotia. Viljami koki vihjeensä huolenpitona, ei niinkään tuppautumisena toisten asioihin tai saarnaamisena, jollaista kuullessaan hän itse toisinaan hermostui. Toisaalta saattoi hermostua siihenkin, etteivät ihmiset huolehtineet itsestään parhaansa mukaan, vaan olettivat toisten hoitavan kuntoon kehon, joka ei vain jaksanut aina kaikkea kantaa.

Kaupoilla kohtasi tuttuja sekä tuntemattomia, joskus saattoi kyläkaupalta selvitä ilman, että näki ketään. Valikoiva yksinäisyys oli pienten kyläyhteisöjen mukavia ominaisuuksia. Jos taas kaipasi ihmisiä ja vilinää, saattoi lähteä isommille kylille, kun poikkesi katsomaan lapsenlapsia. Aina silloin tällöin talvisin iski kaipuu maalta kaupunkiin, pääsisi tekemästä lumitöitä. Toisaalta nurkissa puuhailu toi mielekästä tekemistä päivän mitalle. Kasvihuoneilmiö saattoi verottaa napajäitä, mutta talvisin sai kyllä vielä lumitöitä tehdä.

Lumen, jään ja nuoskan kanssa ährätessä sai sitten miettiä kohtaamisia kylillä, ihmisiä ja niiden aivoituksia. Vaikkeivät ne miettimisestä miksikään tulleet, ihmiset. Rasitti vain päätä yrittää saada ihmisiä pysähtymään asioidensa äärelle. Hän yritti tätä opettaa opetuslapsilleenkin. Aina

sitä uusi ja innostunut sukupolvi taitajia halusi päästä te-
kemään muutoksia maailmaan. Ei se muutos väkisin yrit-
tämällä tapahtunut. Piti osata olla hienovarainen, ihmis-
ten piti itse saada oivaltaa mikä oli hätänä ja itse hakea
ne ratkaisunsa.

Hei taas Aurora!

*Vappu tulossa. En hyväksy reikiä enkä muitakaan uskon-
toon liittyviä ismejä, joissa opetetaan joko vanhoja muka
koettuja humalluttavia meditaatioita tai sitten uusia ulko-
mailta tulleita uususkontoja. Mielen hallinta täytyy jokai-
sen itse hoitaa. Yhteisössä lainkuuliaisuus on keskiössä.
Sinä voit rakentaa henkistä kuvaa minusta, mutta omat
ajatuksesi sinä vain löydät. Itse keskityn kollageenihoi-
toon. Hierojalla on hyvin vähän mahdollisuuksia antaa
selviä ohjeita, vaikka näkeekin vaivojen syyt selvästi. Jos-
kus on parempi olla hiljaa. Hiljaisuus on hyvää hoitoa le-
vottomalle ihmiselle, jota toiset yrittää opastaa ahneu-
teen.*

*Toki saa puhua viinasta. Sen käytöstä on itselläni koke-
muksia, mutta siitä puhuminen hoidon yhteydessä on tosi*

vaikeaa, Samoin kuin sokerin vähentäminen on vaikeaa ruokavaliossa, niin on alkoholinkin. En hoidon yhteydessä puutu ihmisen mielen muuttamiseen. Jokainen saa tappaa itsensä vaikka viinalla, tupakalla tai leivällä. Ei tunnu mukavalta, jos nainen haisee tupakalle tai viinalle. Mieluummin vaikka hielle.

Jos hoitaja luulee vaikuttavansa ihmisen mielen puhtauteen, mennään jo uskonnollisiin asioihin, joten en luule olevani maailman ihmistä tuhoavien virheiden synniksi sanomisella parantaja. En hyväksy reikiä, usko jo. Paheista muistuttaminen on OK. Kesäkeittoa terveellisesti,

Viljami

Se näyttäytyi näin iällä paljon kirkkaammin, ettei kukaan ottanut neuvoja vastaan ulkopuolelta. Jos joku oli valmis ottamaan ismejä vastaan ihan mistä tahansa suunnasta, oli valmis uskomaan mitä tahansa muutakin, ja se se vasta olikin tuhoisaa. Lopulta ihminen saattoi olla tyytyväinen vain, kun kohtasi itsensä. Toisten ihmisten pelko se pakotti ihmiset juomaan ja syömään yli äyräidensä. Ja jos pelkäsi toisia, pelkäsi itseään. Sitten, kun saattoi hyvillä mielin olla alasti toisen ihmisen edessä, saattoi olla pelotta oma itsensä. Se olikin ehkä pitkän avioliiton ja vanhemmuuden opetusten salaisuus.

Juuri se riisui ihmistä rajusti, kun ei voinut paeta toisen katsetta edes ulkohuusiin. Hoidossa ihminen on alasti, sillä taitaja kyllä tuntee ja tietää ihmisten salat, mutta se on valtaa, jota ei voi tai saa käyttää väärin. Kaikki pitää palauttaa ihmiselle itselleen, sillä ulkopuolelta ei löydy sisäisiin vaikeuksiin lääkettä. Joskus se paljastumisen tunne voi olla korjaava kokemus, kun näkee toisen lempeän katseen alla omat mahdollisuudet samaan tapaan, kuin kotka erämaan yllä havaitsee kaikki koloihinsa vipeltävät saaliseläimet.

Uskonto tarjosi vain tuomiota ja se lisäsi pelkoa. Siellä, missä oli pelkoa, siellä ei totisesti ollut hyväksyntää eikä lempeyttä. Ja siksi uskonnoista ei koskaan ollut oikein mihinkään muuhun, kuin ismien paukuttamiseen. Ihan sitä voisi käydä omaehtoisesti käydä päätään paukuttamassa mäntyyn, yhtä paljon sitä oli apua. Metsän hiljaisuudesta

sai paljon enemmän vastauksia, kuin kirkon hiljaisuu-
desta.

Odotellessaan uunilihansa kypsymistä Kähkönen pohdis-
keli eläimiä ja pelkoa. Eläimillä oli pakko puolustaa omaa
reviiriään, tervettä itsesuojeluvaistoa. Sitten eläimet vietti-
vät paljon aikaa syöden tarpeeseensa ja saaliseläimet
saivat olla varuillaan tämän tästä. Kuluttivatko ne silti ai-
kaa pelkäämiseen, kuten ihmiset? Lauma toi turvaa. Osa
ihmisistä osasi nauttia laumaelämästä, osa taas ei sietä-
nyt väkijoukkoja lainkaan. Laumoissa oli aina lauman
säännöt. Jos ne säännöt eivät käyneet liian vaikeiksi,
siinä laumassa oli helppo olla, mutta jos ne koki ahdista-
viksi, oli helpompaa kulkea omia polkujaan. Missä meni
turvan ja pakotteiden raja? Mitkä säännöt hiersivät kaik-
kein eniten?

Suurin osa eläimistä ja ihmisistäkin oli hurjimmillaan, mitä
tuli poikasten suojelemiseen. Eläin suojeli poikasiaan riip-
pumatta omista tarpeistaan, mutta ihmisellä taisi mennä
niin päin, että jos ei saanut itsekään mitään, ei riittänyt
huomiota poikasillekaan. Eläimen lisääntymisvietti pakotti
tekemään poikueen toisensa jälkeen, mutta mikähän oli

ihmisen poikasen pitkän kasvukauden merkitys? Karhu hääti poikasensa omilleen jo parin vuoden jälkeen, mutta ihmisellä se olisi merkinnyt heitteille jättöä.

Toisaalta, tekiväthän jotkut niin joka tapauksessa, televisio sai hoitaa kasvatuksen. Ihmisen taimi vain ei vielä parin vuoden jälkeen pystynyt huolehtimaan itsestään, vastaamaan ruokahuollostaan ja vaatetuksestaan itsenäisesti. Kasvattaminen ja huolehtiminen olivat vaativia tehtäviä. Kaikki eivät niitä jaksaneet ja kestäneet. Aikuiset keskittyivät omiin asioihinsa mieluummin, kuin lapsiinsa. Miksi piti tehdä lapsia, jos ei heitä sitten jaksanut ja kestänyt? Vauvakuume taisi olla pirullinen tauti. Sai olla ihan tyytyväinen, että oli mies eikä kärsinyt sellaisesta.

Lasten vaativuus liittyi osittain tähän kohtaamiseen. Lapset näyttivät selvästi aikuisen omat kasvu- ja kipupisteet, osoittelivat tarvetta hellyyteen ja huomiointiin, kuuntelemiseen ja hoivaamiseen. Kuinka saattoi huomioida toista tarvitsevaa, jos ei itsellä ollut, mistä ammentaa? Kuinka saattoi rakastaa ehdoitta lasta, jos ei osannut ehdoitta rakastaa itseään? Kuinka saattoi kestää ja sietää lasta, jos ei sietänyt itseään?

Ismit ja uskonnot tarjosivat huonolle itsetunnolle lisäravin-toa, lisää tuomioita ja toteutumattomia säädöksiä. Vii-naan, urheiluun, uskontoihin ja ruokiin saattoi paeta hel-posti sitä, ettei elämä kestänyt katsetta, ei omaa eikä toisten, saati sitten joidenkin epämääräisten jumaluuk-sien. Jos jokin aiheutti ylimääräistä ahdistusta, miksi kan-natella sellaisia elementtejä elämässään? Turhuuksien välttäminen oli parasta lääkettä ahdistuksen sietämiseen.

Kypsyvän lihan tuoksu havahdutti Kähkösen maan pin-nalle. Hyvä ruoka, parempi mieli.

Perherakenteet ja juuret

Kähkönen suorastaan rakasti ja ihaili naisten kehoja, hän jumaloi naiskauneutta lähes sen kaikissa muodoissa. Reissatessaan bändinsä kanssa hän oli nähnyt naiseudesta moninaisia puolia, joita ei ehkä pelkästään kotinurkilla pyörien olisi tullut tuntemaan -ainahan se matkailu avartaa- ja toisaalta hieronta oli avannut hänelle kehon salaisuuksia ylipäätään niin, että mikäli tämä kaikki tieto olisi ollut hänen käytössään nuorempana, olisi ehkä kulmilla ollut vähän enemmän sutinaa.

Nuoremmat sukupolvet näköjään pystyivät paljon huolettomammin kokeilemaan kaikenlaista ja etsimään itseään ennen vakiintumista – vaikka eipä sekään aina kaikelta, eikä varsinkaan erehdyksiltä, suojele. Ajatellessaan kahvikupposensa ääressä ja vaimonsa puuhailua vilkuillen hän mietti että ennen vanhaan koko parisuhde oli itseisarvo, elämisen ehto, sen ympärillä pyöri koko yhteiskunta -työ, jatkuvuus, toimeentulo ja jonkinlainen turva.

Avioliitto oli koko yhteiskunnan perusyksikkö, sydän. Ilman sitä ei olisi ollut yhteiskuntaakaan. Mies huolehti ulkotöistä kuten viljelyksistä tai muusta palkkatyöstä, jotta perhe pysyi leivän syrjässä ja nainen taas huolehti muusta turvasta kuten elikoista ja päälle pantavien vaatteiden tekemisestä ja huollosta, sekä tietenkin lapsista ja itse ruoan valmistuksesta. Toinen ei pärjännyt ilman toista. Siksi huonojakin parisuhteita siedettiin eikä erottu kovin helpoin perustein, jos erottiin lainkaan.

Nykyajan erotrendit hiukan kummastuttivat häntä, mutta maailma muuttuu. Ihmisten elinikäkin on kohonnut. Ennen leskeksi jääminen oli melko yleistä – miehet menivät töissään, tai sairastuivat, tai kaatuivat sodissa – ja naisen vei helposti synnytys tai lapsivuode. Nykyisellään terveysolot ovat aivan toiset ja elinajan odotekin kohonnut jopa kymmenillä vuosilla.

Yhteiskunnan asenne on nykyään erilainen. Yksin- ja yhteishuoltaja -äitejä ja -isiä on joka sormelle, eikä äpäristäkään enää puhuta, ja siitä Kähkönen oli kiitollinen. Aborttikin on laillinen ja sen tekeminen suhteellisen turvallista. Eronneet ja karanneet saavat tukea yhteiskunnalta, joten huonon parisuhteen sietäminen ei ole pakko – silti aika monet jotka parisuhteissaan todella kärsivät vaikka raaasta pahoinpitelystä, harvoin kuitenkaan lähtevät ja syynä on yksinkertaisesti pelko. Edelleenkään yhteiskunta ei puutu todellisiin ongelmiin, kun ei ole keinoja puuttua "perheen sisäiseen kulttuuriin" vaikka se uhkaisi lasten henkeä ja mielenterveyttä.

Suurten ikäluokkien nuorisolle oli aika tavallista, että sodasta traumatisoituneet känniset huru-ukot ajoivat perheensä juovuspäissään kirveen kanssa lumihankeen, eikä sitä pidetty mitenkään erikoisena, mutta varmasti näillä traumoilla on nykyisiinkin olosuhteisiin oma osuutensa. Tämä muistui Kähkösen mieleen, kun eräs hänen hoidettavistaan alkoi pikkuhiljaa hoitokertojen kuluessa avautua taustastaan.

Nainen oli verrattain pyylevä, suorastaan jopa lihava, poltti tupakkaa ja ryyppäsikin ihan tuntuvasti, kaikki tämä näkyi selvästi. Kähkönen koki suorastaan poltetta kuin pappi alttarilla saada nainen kokemaan rakkautta itseään kohtaan ja ihmetteli mukavia jutellen, miksi tämä näillä myrkyillä itseään pahoinpiteli, eikö tupakasta voinut luopua. Nainen ilmeisesti mietti hetken ja kertoi, miksi ei ole lukuisista yrityksistä huolimatta oikein koskaan tupakasta luopunut – sen aloittamiseen oli syy. Isän ja äidin pakkoaviioliitto johtui hänen syntymästään – nuoripari meni kihloihin ja nuorikko tietenkin omistettiin tanssiaisten päätteeksi kun sulho ei omaansa sitten suostunut vartoilemaan, eikä muuta neuvoa ollut, kuin mennä sitten kiireen vilkkaa vihille.

Ilmeisesti tämä oli jumalisen nuorikon itsetunnolle melkoinen taakka, ja kun ei siihen aikaan muutenkaan mistään puhuttu eikä ketään valistettu, koko raskaus, häpeä ja synnytys kaikkineen teki neitokaisen mielenterveydelle jonkinasteiset kepposet. Syntynyttä lasta kohtaan ei tunnettu rakkautta, ei armoa, ei hellyyttä eikä lämpöä juuri osoitettu. Isä oli kova ryyppäämään ja äiti pahensi asiaa nalkuttamalla aivan kaikesta, väkivaltaa oli siis monenlaista.

Tuntuvasti nuorempaa pikkuveljeä hän kyllä kelpasi hoitamaan, jopa liialliseen vastuuseen saakka, oma nuoruus menikin sitten melkein siinä. Lapsuuttaan hän ei tosiaan pitänyt mitenkään erityisen traumatisoivana, koska sellaistahan oli ihan kaikilla! Ikä ja rahan puute tekivät kaikesta vaikeaa – lopulta petti terveys. Ja tässä sitä ollaan. Ja kun ei kukaan ole koskaan rakastanut, kuinka hän oppisi itseään rakastamaan?

Vaikka kaikki eivät Kähkösen pöydällä ihan samalla tavalla avautuneetkaan, hän tunnisti useita samoja piirteitä monista asiakkaistaan. Ja kysymys on vaikea. Kuinka helliä sitä sisäistä lasta, jota ei kukaan ole koskaan opettanut hellimään? Kähkönen toivoi, että edes hieronta saisi aikaan kipinään, että kosketus olisi vilpitöntä ja hellää, ja saisi aikaan muutoksia – koska jokainen voi parantaa itsensä, kukaan ulkopuolinen ei siihen oikeastaan kykene.

Kähkönen näki itsensä tietäjänä, joka näki parantavan voiman piilevän ihmisessä itsessään, kätköissä, ja toivoi, että sen saisi houkuteltua esiin, että ihminen alkaisi toden teolla hoitaa itseään, hankkia itselleen positiivista minäkuvaa ja rakkauden tunnetta rakentavia kokemuksia. Silti juuri nämä elämän murjomat ihmiset usein hakevat hyväksyntää uhrautumalla toisten eteen ja siten antavat käyttää itseään surutta hyväksi, kohdella itseään vielä lisää kaltoin.

Tämä kaltoin kohtelu näkyi siten erilaisina syöpinä ja erityisesti selkärangan ongelmina. Ja sekös pisti Kähköstä vihaksi. Terveen itsetunnon rakentamiseen on monta tietä, mutta sitä ei voi koskaan ostaa, hyväksyntää ei voi saada ulkopuolelta, ellei itse ensin arvosta itseään itsessään itsenään niin, että suoja on murtumaton ulkoisen paineen alla. Terve itsensä rakastaminen on kaukana narsismista, joka kyllä vääristyneenä kukkii siellä sun täällä.

Haavakieleen jumittumiseksi sitä kutsutaan, että kantaa selässään vanhoja selkäreppujaan. Tiedostamiseen liittyy kaikki – pitää nähdä mikä on mennyt pieleen ja sekin, miten se isommassa mittakaavassa on minua tässä elämässä opettanut. Kaikenlaista karmeutta sitä tapahtuu jatkuvasti ja kaikille, se on totta, eikä sitä omalla kohdallaan pidä suinkaan väheksyä, sen verran karmaisevia ne oppitunnit olivat. Mutta kun asian on nähnyt ja tunnistanut ja tunnistanut, oli aika irrottaa.

Antaa kuolleiden haudata kuolleensa ja mennä meno-
jaan, ottaa itselle uusi vaihde elämään ja nostaa kytkintä.
Menneestä opiksi ottaminen ja historian uudelleen kirjoit-
taminen on kaikkein vaikein ja suurin työ ihmisen elä-
mässä. Nähdä ne syklit, joissa itseään toistaa – ja sitten
kirjoittaa se kaikki uudestaan, katkaista kierre ja se rikkoa
se ainainen rytmi jolla elämäänsä suohon tuppaa vetä-
mään.

Kähkönen oli tutkinut jonkin verran erilaisia ajatusjärjes-
telmiä lähtien parantavista kivistä päättyen astrologiaan
ja sisäistänyt sen, että ihmisen elämä kulki luonnostaan
erimittaisissa jaksoissa ja varsinkin vanhemmalla iällä
näki taaksepäin omienkin prosessiensa luonteen: "Ahaa
tuolla oli tuollainen kymmenen vuoden periodi" ja "Jassoo
tuossa oli sellainen kahdeksan vuoden kauhistus että.."
Useammin kuin kerran sitä havahtui vasta jälkeenpäin
näkemään, että jotakin oli edes käynnissä. Armollista si-
nänsä, että kaikkea ei tajua juuri siinä hetkessä. Unennä-
kijöillä oli onneksi visionsa joihin turvautua kun tuntui
siltä, että hukkuu. Toisinaan se saattoi myös haitata asioi-
den selvittämistä.

Kellään ei ollut helppoa tai vaikeaa täsmälleen samalla tavalla, mutta kaikkien oli kaivettava luurangot kaapeistaan, tomutettava ne huolella ja kärrättävä hautuumaalle, että sai lastata kaappinsa täyteen tarpeellisella tavaralla ja tulevan varalle tärkeillä asioilla. Kähkönen koki olevansa avainasemassa, portinvartijana siinä suhteessa, että asiakkaiden elämät monta kertaa saivat käänteen hänen hyppysissään. Ihmiset etsivät vaivoihinsa hoitajaa ja kehotyöstön kautta monelle ongelmat nousivatkin tietoisuuteen ja he kykenivät siinä hänen pöydällään hienoisessa transsinomaisessa tilassa käsittelemään jumituksensa uuteen uskoon.

Viljami ymmärsi asian niin, että anteeksi antamisella on tärkeä merkitys magneettikenttää muuttavana toimenpiteenä. Kun antaa anteeksi menneet, vaikka kuinka katkeratkin asiat, muuttaa magneettikenttänsä kestävämmäksi, kun ei enää anna menneiden saada tämän päivän ja tämän hetken energioita. Helppoa se ei ole, mikään ei ole, mutta oman terveytensä ja mielenterveytensä takia se olisi erittäin terveellistä. Ja kun energiakenttä kestää eikä vuotoja ole, jaksaa paremmin tässä päivässä. Sitä armoa ja armollisuuden opetusta Kähkönen kaipasi kipeimmin erilaisista oppijärjestelmistä, joihin ihmiset nojasivat ja sitä ihmiset kai keskimäärin etsivät, mutta kaikkein raskaimmin ihmiset sitten rokottivat kuitenkin itseään.

Toisaalta opetetaan mikä on kunniallista, mutta kun se opetetaan sitä kautta, että mitä ja kuinka paljon kuuluu hävetä. Ja lapsiparat aika usein sitten ukkosenjohdattimina, avuttomina ja turvattomina kun vanhemmat eivät kykene tai jaksakaan taakkaansa kantaa. Ja miten tärkeää se onkaan, että toinen edes ymmärtää pyytää anteeksi. Tietysti, kun aamuyön pimeinä tunteina asioitaan miettii vanhemmalla iällä ja vanhemmatkin ovat menneet jo manan majoille, milläs keskustelet, annat anteeksi tai pyydät? Se oli lopultakin vain tahdon kysymys. Jos haluaa jättää menneet taakseen, se onnistuu kyllä.

Polyamoria

Maailman sivu on naitu ja naidaan vastakin, mutta säännöt tuntuvat muuttuvan. Nuoruusaikoja muistellessaan Kähköstä tavallaan vähän suretti. Olisipa ollut jotain ehkäisyä, olisi ehkä ollut vapaus pistää ranttaliksi. Lapsuudessaan hän seurasi vierestä, kuinka ankarasti suhtauduttiin aviottomiin lapsiin ja kunniattomiin yksinhuoltajiin, eikä suin surminkaan halunnut kenellekään naiselle moista kohtaloa tuottaa, joten housut pysyivät melko hyvin jalassa siihen saakka, kunnes se maanjäristys sitten kerran tansseissa osui kohdalle ja pysyvään suhteeseen saattoi asettua. Nuoren miehen kosioreissut olivat tietenkin hauskoja muistella vanhemmalla iällä, kuinka tosissaan ja kuinka paljon pelkoa seksuaalisuuteen ja seksiin ylipäätään liittyi, ja sitä kautta koko naissukupuoleen.

Kähköstä kiinnosti tämä uuden ajan ilmiö: avoin liitto. Polyamoria viehätti häntä. Olihan ihmisiä, joille seksi ei ollut mitään, ei ollenkaan merkitsevä tekijä elämässä. Ja sitten oli niitä, jotka tyytyivät yhteen kumppaniin, satoi tai paistoi. Ja sitten oli näitä elämän nautiskelijoita, herkkusuita, jotka tarvitsivat tilaa ja kokemuksia pitääkseen mielensä virkeänä! Miten upea olikaan sellainen mahdollisuus, jossa molemmilla on vapaus tapailla ja kohdata nautiskellen ketä haluaa, ja silti säilyttää yhteinen hyvä. Sellaisen salliva yhteiskunta oli Kähkösen unelma, yhteiskunta joka sallisi rakkauden jakamisen yli rakennerajojen.

Oli tärkeä ajatus, jota Kähkönen oli pohtinut vuosikaudet. Rakkaus ei ollut kakku, jota riitti vain tietyn verran jaettavaksi. Rakkaus oli uusiutuva luonnonvara, ja joskus se tulvi yli äyräiden. Rakkaus saattoi leimahtaa ja roihuta aikansa, muttei se koskaan ollut pois toisilta rakkauden kohteilta. Sen sijaan rakkautta ei voinut väkisin pakottaa syttymään kehenkään. Polyamoria ei toimi niin, että voisi rakastaa kaikkea vastaantulevaa. Rakkauden jakaantuminen monelle taholle yhtä aikaa oli kuitenkin mahdollista.

Varsinkin syrjäseuduilla tällaista useamman aikuisen liittoa ei suvaita silloinkaan ja juoruilu estää suhteen kehittymisen täyteen kukkaansa, vaikka se olisi kaikkia osapuolia palveleva ratkaisu. Vastaanotollaan Kähkönen oli kuullut monenmoisista ongelmista. Oli pariskuntia, joiden halut kulkivat aivan eri tahdilla – toista huvitti päivittäin ja toista huvitti vain toisinaan jos ollenkaan. Oli pareja, joiden mieltymykset vuoteessa eivät kohdanneet lainkaan määrän, laadun, asentojen kuin välineurheilunkaan puolesta. Oli suhteita, joissa seksiä käytettiin valtapeliin monessa mielessä, sillä kiristettiin lahjuksia tai palveluksia.

Hierontaa tehdessään Kähkönen koki auttavansa sekä naisia ja miehiä, kun lantion lihakset päästettiin piiloistaan vapauteen. Lihaksien pitää olla oikeilla paikoillaan, jotta ne toimisivat tarkoituksessaan. Naisilla ongelmia olivat erityisesti seksuaalisten tuntemusten laimeus yhdynnän aikana tai virtsan karkailu, jos lantion lihakset asettuvat lukkoihin lannerankaan. Miehillä taas sekä tuntemukset, että seisokin tukevuus ovat lantiopohjan lihasten ansiota – pitäähän veren kunnolla kiertää!

Ajan kanssa hän oli myös tullut huomaamaan, että raskauksilla ja synnytyksillä oli naisen vartaloon omat muutoksensa. Notkoselkä jäi synnytyksen jälkeen vaivaamaan monia ja imetys sai melkoisia lukkoja aikaan niskoihin ja hartioihin. Kevyt liikunta ja avaavat harjoitteet olisivatkin naisille hyvästä, myös pienten lasten kanssa keho käy kovilla kierroksilla nostelun ja kanniskelun vuoksi.

Seksuaalisuus oli toisaalta kautta yhteiskunnan ollut muutosportti – sitä kautta kun ymmärrettiin lasten syntyvän. Siksi synnyttäjät piti kahlita ja hallita syyllisyyden kautta sittenkin, kun orjuudesta oli jo virallisesti kauan sitten luovuttu. Naisiin liittyvä vainoaminen oli hyvin pitkälti seksuaalisuutta kohtaan tunnettua kauhua, myös noitavainoihin se liittyi kiinteästi ja jotakin kieltä se noitavaino Viljaminkin sydämessä soitti.

Ajatellessaan muinaisia siniverisiä Egyptissä, jotka sisaruksina naitettiin keskenään, hänen vilpitön mielipiteensä oli, että eihän sellainen yhteiskunta lopulta voinut kestää. Ja onhan sitä vielä täällä koto-Suomessakin, tiettyjä sairauksia joita ei muualta löydy ja suurin syy siihen jatkuva sukulaisten kanssa risteäminen, tiedettiinhän tuo.

Eräs oppilapsista kertoi sattuvaa opettajansa kommenttia historian tunnilta: "Suomalainen geeniperimä koki mullistuksen kun tuli polkupyörä – sillä pääsi naapurikylään naimaan!" Kähköstä huvitti tämä mielikuva, muisteli omiakin nuoruusaikaisia riiuuretkiään – polkupyörällä. Syy suku-

rutsaukseen on kautta vuosisatojen ollut yksi ylitse mui-
den – raha. Naimalla serkuksia ja setiä ja tätejä sinne
tänne on aina pidetty rahat, tilukset ja valta keskitettynä,
niin Egyptissä kuin Venäjälläkin. Siniveristen sairautena
tunnetun hemofilian kurissa pitäjänä oli tunnettu veren-
seisottaja, elävä legenda Rasputin.

Elämä kaikkineen oli sellaisia muutoksia täynnä, että
Kähkönen pohdintojensa lomassa tuli miettineeksi sitäkin,
kuinka ennen vanhaan parisuhteet päättyivät luonnollista
tietä paljon aikaisemmin – polyamoriaa oli ketjutetussa
muodossa kun kuoltiin sotien, nälän tai tautien riivaa-
mina.

Lopulta todella yksiavioiset parit olivat harvassa. Eläin-
kunnassahan sudet ja joutsenet olivat tästä esimerkkejä,
mutta lintuisät saattoivat hyvinkin hautoa jonkun aivan toi-
sen uroksen poikasia aivan sujuvasti – luonnossakaan
asiat eivät olleet mitenkään yksinkertaisia, mutta koska
lintujen keskeinen kulttuuri ei sitä siellä täällä geeniperi-
män vaihtelua mitenkään rajoittanut eikä vieraan uroksen
poikasia paheksuttu, lintunaaraat kävivät iloisesti vie-
raissa.

Ihmisnaaraatkin sitä tekivät. Ainahan se täysin vastakkainen miellytti silmää, kehotti tekemään lapset jonkun itsestä täysin poikkeavan perimän kautta, naaraat suojelivat vaistollaan geeniperimän variaatiota ja evoluutiota, pitivät kiinni muutoksen pakosta, onnistuen siinä paremmin kuin miehet omaisuuttaan vahdatessaan.

Ja mistä lie Viljami senkin oli lukenut, että kun muslimeita oli kovin polygamiasta arvosteltu, joku oli huomauttanut länsimaiden tyylistä erota ja vaihtaa naista, sehän tehdään vain ketjussa eikä ryppäässä – kummemmasta ei ollut kyse. Toisaalta polygamia oli muslimiyhteiskunnassa mahdollista oikeastaan vain miehille, eihän siellä voi nainen pankkitiliäkään perustaa tai pieraista miehen siitä vastaamatta, mutta Kähkönen soi ilomielin lihan ilot myös naisille kokoon ja näköön katsomatta.

Mutta, mietti sitä Viljami sitten taas, kun muuan isännistä sanoi, että ei sen kummemmin taloa kuin parisuhdettakaan pitänyt koskaan ensimmäisellä kierroksella itselleen rakentaa. Toisaaltahan se oli lapsille kohtuutonta kärsimystä joutua vanhempiensa ristiriitojen välikäteen, mutta toisaalta – erotakin voi ihmisten lailla ja hoitaa asiat lasten kannalta järkevästi ilman turhia kädenvääntöjä ja valtapelejä, lapsilla lienee oikeus molempiin vanhempiinsa.

Kevättä rintoihin, Aurora!

Miksi ei voi pitää itsestään niin paljon, että parantaisi omia tapojaan? Oli tuossa viikolla kaksi hyvässä asemassa olevaa johtohahmoa, joille olen yrittänyt opettaa luopumista liiallisesta ahneudesta. Se ei onnistu kuin pieni harppauksin ja turhaudun itsekin. Tämä viikko oli raskas, sateet tulossa ja kolottaa. Onneksi oli kaksi ihanaa naista hoidossa. Toista näistä ei pysty muut hierojat auttamaan kuin hetkeksi, jos ollenkaan. Toinen ei vuoteen päässyt hoitoon, tuli tehneeksi tyhmyyksiä, sai korttinsa kuivumaan pitkäksi aikaa. Lähes aiheutti samaa tuskaa toisille, kuin on itse joutunut kokemaan, sellaista opetusta se on koko elämä.

Ajatteli nyt positiivisesti, ihmeellistä. Painokin pysyy kovan kurin ansiosta hallinnassa ja elämä sillä viisiin hymyilee. Ajattele, ei vuosiin seksiä oman miehen kanssa, eikä

uskalla vieraisiin! Rajuja nuo elämän koulutukset. Van-
huus ei välttämättä tuo visautta. Kumpi parempi, järke-
vyys vai viisaus, ja miten se mitataan? Työintoa ja -rak-
kautta, toivoo

Viljami

Lapset ja vanhempien suhteet

Mitä se sitten palveli, se toiseen rakastuminen kesken pesimiskauden? Sitäkö, ettei elämä ole koskaan kovin staattista, että muutosta on ihminen vailla, silloinkin kun kaikki on vallan hyvin? Missä meni raja ihastumisen ja rakastumisen välillä? Miten sitä tunteidensa paloa ja liekkien roihuamista voisi rajoittaa – juosta karkuun ja jättää taakseen ne asiat, jotka toisesta tuskallisesti muistuttavat, ettei tarvitsisi enää kohdata sitä kauneutta jota ei jostain syystä saa tai edes halua? Viljami tiesi kyllä hyvin, että sen roihun, jonka toinen synnyttää, voi kääntää lämmittämään varsinaista suhdettakin. Opetuslastensa toilailuja väistämättä läheltä seuranneenakin ja reissuissaan rähjääntyneenä tiesi hän senkin, että aina se ei kuitenkaan niin vain käynyt.

Liekö se sitten magneettikenttien samanlaista resonanssia vai edellisten elämien rakkauksia, jotka silloin tällöin tielle sattuivat, mutta aina joskus nämä ihastumiset ja rakastumiset pakottivat muuttamaan elämää perusteellisesti. Toisaaltahan se ihastuminen näytti kristallinkirkkaasti sen, mikä pesimissuhteessa oli pielessä. Mitä siitä varsinaisesta suhteesta puuttui – oliko se arvostusta, kunnioitusta, kommunikointivaikeuksia, seksiä, vai tunnetta jostain suuremmasta?

Toiset ihmiset tekivät valinnan ja elivät sen kanssa loppuikänsä laput silmillä syteen tai saveen ja toiset kärsivät syvästi valinnastaan, mutta eivät muuttaneet lähtökohtiaan millään konsteilla. Sitten taas oli niitä, jotka tekivät täyskäännöksen kun tajusivat, mikä kerta kaikkiaan turhauttaa kerta toisensa jälkeen.

Viljamin mielestä avoin aikuisten liitto takaisi hyvät puitteet säilyttää lasten perusturva ja sallisi kokeilun ja herkuttelun vapauden. Toisaalta Viljami tiesi, että avoin liitto vaati rutkasti luottamusta, perusturvallisuutta ja aikuisten vakaita sopimuksia siitä, että suhde pysyy vaikka muita kokeiltaisiinkin – mutta siihen jakamiseen monet eivät olleet valmiita.

Ammoisista ajoista liittoihin liittyvä rahallinen manipulaatio ja asennoituminen takasi sen, että myös puoliso koettiin omaisuutena, vaikka ketäänhän tässä elämässä ei saa pitää, eikä ketään voi omistaa. Kaikki tai ei mitään kuvasti hyvinkin monien parisuhteita. Ihmiset elivät mystisissä orjallisuuksissa, mikäli hän oli asiakkaidensa tarinoita oikein kuunnellut. "En uskalla mennä sinne napatanssiin kun ei se ukko kuitenkaan lupaa anna" tai "Ei se akka mun mihinkään puntille lähteä kun tarttee kakaroita vahtia" olivat vähän liiankin tuttuja lauseita.

Hallintaa! Valtapelejä! Ihmiset lakkasivat sitoutuessaan ajattelemasta omilla aivoillaan, olemasta omia itsejään ja käyttämästä omaa sydäntään tehdessään omaa elämäänsä koskevia päätöksiä. Jokaisen tärkein tehtävä oli kuin olikin oppia rakastamaan ensin itseään ja seuraamaan omaa tähteään – ja sitten jakaa polkunsa sellaisen kanssa, joka tarjoaa yhtäläisen vapauden tehdä mitä huvittaa. Sellaiset lausunnot kuin "Mitä ne naapuritkin sanoisivat" ti "Ei me voida sellaista kun me ollaan parempia ihmisiä" olivat parisuhteen ja itsenäisen elämän surma.

Vanhan liiton mieheksi monessa suhteessa itsensä tunnistavaksi mieheksi Viljami koki olevansa aikaansa edellä tässä asiassa. Varsinkin mediassa silloin tällöin pulpahtelevat rajuhkotkin keskustelut siitä, miten nuorisoa voitaisiin seksuaalisuudesta valistaa, Kähkönen otti riemumielin vastaan ilolla. Mitä enemmän nuoret tietävät, sitä paremmin osaavat itseään suojella ja pitkittää pesimiskautensa alkua – sillä turvattiin myös poikasten turvallinen kiinnittyminen ja astetta turvallisempi ja vakaampi lapsuus, kun juoksut on suurin piirtein juostu ja menot menty ennen pesimistä.

Naisille lasten syntyminen näytteli suurta osaa elämässä. Jos siihen asti olikin etsitty veren vimmalla pesimiskumppania, synnytyksien myötä tultiin tietoiseksi omasta kropasta. Lasten valvottamiset ja säästöliekillä eläminen pakottivat naiset pohtimaan omiakin tarpeitaan, eikä vain suostumaan kaikkiin miesten mielitekoihin heitä miellyttääkseen. Hoivavietin piiriin seksuaaliset tarpeet eivät tainneet kuulua, ounasteli Kähkönen, muutenhan mitään ongelmia ei olisikaan noussut, kun naiset eivät olisi nousemassa barrikadeille saadakseen uudesta kehotietoisuudestaan innostuneita jotain itselleenkin.

Miehilläkin taisi olla tuliset paikat arvioida uudelleen, mitä naiselle on hormonihöyryissä tapahtunut ja mikä heidät on aivan tyystin toisiksi muuttanut. Eräs oppilas oli innostunut arkkityypeistä ja niistä usein puhui innoissaan, että porttitapahtumissa erilaiset arkkityypit aktivoituivat ja pakottivat sitten ihmiset muutosten tielle. Viljami ei nyt ihan voinut asiaa allekirjoittaa, mutta olihan se mielenkiintoinen teoria – teoria muiden joukossa.

Semmoisenkin lausekkeen Viljami oli jostain kuullut, että miehellä on kaksi matkaa elämässään: matka äidin luota naisensa luo, mutta melko usein näki kyllä miesten kamppailevan parisuhteissaan täsmälleen samojen kysymysten äärellä, kuin suhteissaan äitiinsä, joten taisi olla vain yhdestä matkasta kysymys. Vastuulliseksi kumppaniksi ja tasaveroiseksi puolisoksi kasvu tyrehtyi, kuten naisillakin usein, tarvitsevuuden tunteisiin. Parisuhteista haetaan sitä turvaa, jonka vanhemmuussuhteistaan on jäänyt vajaaksi. Aito kumppanuus vain ei toimi niin, että puoliso vastuutetaan vanhempien virheistä ja kumppanin suu täytetään niillä sanoilla, turhaumilla ja väittämillä joita on vanhemmiltaan saanut kuulla.

Parisuhteessa pelataan aina eri peliä, ja näiden pelilautojen näkeminen sekä pelistä vastuun ottaminen ovat isoja asioita. "Vanhempani pelasivat keskenään tätä peliä, ja minun kanssani tätä peliä, minä teen sinun kanssasi toisin" on iso pelilaudan käännöstehtävä ja on tärkeää, että pussi otetaan päästä pois mahdollisimman varhain. Tässäkin täytyy tietää, kenen kanssa mitäkin keskustelua päänsä sisällä käy. Tietoisuus, tässä hetkessä eläminen, on sittenkin kaiken avain, tuumi Kähkönen pullakahviaan nautiskellessaan ja vaimonsa askareita hiljaksiin tarkkaillen. Oli kaunista katsella, kuinka vaimo sai keittiötyöstä aikaan taidetta – maistuvaa sellaista.

Sellaista Viljami tuli kuitenkin pohtineeksi, että miltä ne aikuisten toilailut näyttivät lasten silmin. Yleensä lapset kuitenkin pesivät äitinsä luona. Olivatko isät elämässä mukana vai ei? Oliko lapsilla mitään muita pitkiä aikuissuhteita, jos isän ja äidin kumppanit alvariinsa vaihtuivat? Aikuisen ja lapsen aikakäsityshän olivat niin erilaisia. Lapsille lyhyt aika saattoi olla ikuisuus, tai hetki, ja toisaalta lapsen silmissä pitkä aika oli pitkänpitkä. Silloin tällöin kuppiloita soittomatkoilla kiertäessään hän katseli kuinka sukupolvet varttuivat, eilispäivän nuoret olivatkin jo vanhempia itsekin. Lapsethan oppivat toimimaan juurikin omien vanhempiensa toimien mukaisesti. Joskus ottivat vanhempien virheistä opikseen, joskus eivät.

Mitähän se teki, kun vanhemmat kyllä osasivat jäsennellä aikojaan parisuhteissa ja etäsuhteissa, mutta lapsille ne aikuiset eivät olleet läsnä, jos eivät olleet paikalla? Reissuhommissa ja sodissa kuljeskelleet isät eivät tosiaan olleet paikalla. Olivat isiä, mutta ehkä yhtä etäisiä kuin joulupukit. Oman ikäpolven vanhemmuus oli väkisinkin risaista, mutta oliko sen pakko olla sitä vielä tänäkin päivänä? Ja mitähän se riittävä vanhemmuus sitten oikein oli?

Kähkönen palasi ajatuksissaan takaisin sotien jälkeiseen aikaan, kun miehet palasivat sodista muuttuneina iäksi, sinne taistelutantereille oli jäänyt nuoruus ja edessä olivat ankarat työvuodet. Kuinka monilla olivat isät, veljet ja ystävät jääneetkään sinne laulumaiden multiin? Olosuhteet olivat olleet mitä olivat. Miksi nyt ei tapahtuisi muutosta, kun siihen oli mahdollisuus? Ihminen opiskeli mallista toimimalla silloinkin, kun mallissa ei ollut mitään järkeä. Käyttäytyminen perustui turhan usein tunteisiin ennemmin kuin järjen käyttämiseen. Kähkönen palotteli pääs-

sään puolesta ja vastaan eroamisia ja eroamatta jättämi-
siä. Aika usein suhteisiin jäätiin silloin, kun niihin jäämi-
nen oli vahingollista ja niistä lähdettiin, kun ei kestetty on-
nistumista suhteen kannattelussa.

Mikä sen onnistumisen mittari oikein oli? Mitä oli ihmisen
onni? Oliko suhteen onnistumisen mittari se luku joka ki-
lometrimittariin saatiin, pyöreät vuodet ja yhteinen van-
huus? Vai olivatko ne tasapainoiset lapset, kasvatettu sit-
ten yhdessä tai kahdessa kodissa? Mikä taas määritteli
lasten tasapainoisuutta? Lapset kun tosiaan opettelivat
mallista, eikä Viljami tiennyt mitään parempaa lääkettä
mihinkään vaivoihin kuin silitys ja hellyys. Ehkä se van-
hempien välinen lämpö ja hellyys olivat sitten se tasapai-
noisuuden edellytys. Olihan se surkeaa, jos lapset oppi-
vat vihanpitämisen ja katkeruuden jo kotona, kun sitä op-
pia sai riittävästi kodin ulkopuolellakin. Koti saisi olla tur-
van tyyssija, mutta sitä sen pitäisi olla ensin siellä majai-
leville aikuisille, että se voisi olla sitä lapsille.

Kotisohvan ideaali

Maailmallisiin turhanpäiväisyyksiin Viljamin mittapuulla kuului kulutushysteria. Lehtihyllyllä hän äimisteli sisustus-lehtien kirjoa, asiakkaidensa puheissa naisten sisustus-vimmaa. Hyvänen aika, mitä tuhlausta. Tietynlaiseen pi-hiyteen oli tottunut, kun kaikki piti alkajaisiksi joko omin käsin tehdä tai vuosikausia säästää uuteen sohvaan. Ka-lusteet eivät kuitenkaan olleet kodin mittari. Kodin ilmapii-riin vaikuttivat niin monenlaiset muutkin asiat, kuin pelkät mööpelit. Mitä niille vanhoille tehtiin? Vietiin varastoon tai kierrätykseen, missä sitten aikansa vartosivat uusia omis-tajia, ehtivät siinä matkan varrella varmaan moneen ker-taan homehtuakin. Kiinalaiset feng shuit ja muut hömpö-tykset tuntuivat vaivaannuttavilta pirtin pojan järjenjuok-sussa.

Huomaamattaan Kähkönen sai aika paljon vaikutteita asiakastyöstään, niin sanattomasti ihmisten kehoista kuin ihan jutustellessaan monituisten asiakkaidensakin kanssa. Yksi totuus oli noussut monien yläpuolelle, ja se oli selvä: ihmiset ulkoistivat sisäiset kriisinsä johonkin nä-ennäiseen ulkopuoliseen kriisiin. Sairastuminen ja alati sairastaminen olivat yksiä ulkopuolisia kriisejä sinänsä.

Ihmiset aika ajoin pyysivät häneltä ulkopuolisia unien tulkintoja, joskus hän niitä osasi kommentoida ja joskus ei. Opetuslapsi pomppasi sähköpostissa yhdenlaisen unensa kanssa, kipuili sitä vanhemmuuttaan ja ristipaineita velvollisuuksiensa kanssa. Viesti unessa oli ihan selvä, ja Kähköstä suorastaan hymyilytti. Pääsisipä taas aiheesta sanomaan.

Hei Viljami,

anteeksi kun en pääse luoksesi. Olemme lasten kanssa mahataudissa ja ikään kuin se ei olisi tarpeeksi, näin vielä ihan kamalaa painajaistakin. Taidan tietää, mistä siinä on kysymys mutta kerro vielä sinäkin. Räntäsateessa kotiportailla siivosin sellaista vanhaa sohvaa, joka oli vähän homeessakin. Sillä aikaa anoppi otti pojan käsikynkkään ja lähti matkaan, yritin juosta perässä ja kysellä, että mistä on kysymys, mutta väsymykseltäni en jaksanut. Palasin sitten sen homeisen sohvan pariin jatkamaan uuvuttavaa työtä, josta tiesin, ettei se mitään

auta. Ensimmäinen ajatus oli polttaa koko sohva, kun he-
räsin. Unelmani eivät ole koskaan olleet suurensuuria,
nytkin niihin liittyy lähinnä matkustelua, ja tuo uusi sohva.
Vähän kyllä askarruttaa. Ilmoittelen kuitenkin, kun tiedän
tulevista aikatauluista, koska pääsisin tulemaan.

Aurora

Olikin jännittävää, että ihmisillä oli yhteisiä kipupisteitä.
Kähköstä suututti tuo sohva henkilökohtaisistakin syistä,
ja hykerrytti sen ajatusketjun eteenpäin välittäminen. Vil-
jamilla meni puoli päivää, pari kuppia kahvia ja kipollinen
mustia oliiveja saada ajatuksensa sellaiseen muotoon,
että Aurora ymmärtäisi, mitä hän ajoi takaa. Nuoret ihmi-
set olivat tottuneet aina siihen, että kaikkea sai rahalla.
Mitä rahalla ei saanut, olivat terveys, nuoruus ja tasapai-
noiset ihmissuhteet.

Rahalla saatavilla hyödykkeillä kyllä yritettiin hössöttää
ehjiksi niitä asioita, jotka olivat epätasapainossa. Eikä sitä
epätasapainoa ostamalla saanut korjattua. Ensin piti huo-
mata, että oli epätasapainotila, sitten piti ymmärtää, mikä
sen aiheutti ja lopulta sille piti tehdä jotakin. Eikä se jokin

liittynyt sisustuksen ja sohvakaluston uusimiseen, uusien vaatteiden haalimiseen tai uuteen kotiin tai uuden lapsen tekemiseen, kun liitto tuntui jo hajoavan käsiin.

NO NO!

Pistähän popsien maitohappobakteeria sekä joka lajia vitamiineja, että välttäisit jatkossa moiset taudit. Itsekin olen ollut flunssassa. Lämmitin saunaa ja sinne tuli savua, melkein savusaunassa kylpeminen teki hyvää, johan loppui nenän valuminen. Touhutippoja, niin. Katsotaan sitten, mitä touhutaan. Toipukaahan rauhassa.

Mitä tulee uneesi, mahtoi olla painajainen. Eipä niitä aina ulkopuolelta hyödytä sorkkia, mutta jos itsekin tiedät mitä uni kertoo, rohkenen vähän höykyttää sinua. Mitä sinä jostakin sohvista piittaat? Kyllä huusholli ilman sohvaa on ihan pätevä huusholli. Ajattelen tässä omiakin lapsenlapsiani. Monta kertaa näen, että lapset touhuavat jotain ihan epäoleellista, kun lapsenlapset ovat vain syliä ja läsnä olemista vailla. Ole siis läsnä ja unohda sohvat. Materiaalinen turva ei ole turvaa ensinkään. Kyllähän puute aiheuttaa murhetta, kun ei tiedä mistä saisi leivän pöytään. Mutta se murehtiminen menee hukkaan, vaatii työntekoa eikä jähmettymistä sen toimeen tulemisen kauhun kanssa. Suomessa on paljon töitä, vaan ne eivät kansalle kelpaa. Pelätäänkö sitä raskasta työtä vai eikö vain viitsitä? Ja paetaanko murehtimiseen sitä, ettei viitsitä olla lasten kanssa?

Isoisänä ymmärrän hyvin, mitä anoppisi unessasi edustaa. Hän näkee lapsesi tarpeista puuttuvan jotakin, ja vaihtaa lapsesi sohvaan. Annatko sen todella tapahtua? En usko että sitäkään haluat. Mitä sinulla on lapsellesi annettavaa, sellaista, mikä anopiltasi on puuttunut? Ui hetkeksi siihen tajunnan virtaan ja anna asioiden ratketa. Et menetä lastasi, jos todella pidät kiinni siitä, mitä haluat itse lapsellesi tarjota ja huolehdit siitä, että tavoitteesi tulevat ymmärretyksi. Kyllä lapsesi isä varmasti huolehtii oman sukunsa opetusten jakamisesta, jos vain ottaa isänä vastuunsa. Aika ja ikä antavat sellaista vinkkeliä, mitä sinulla ei ole vielä käytössäsi. Mitä omat vanhempasi ovat sinulle opettaneet ja mitä haluat siirtää eteenpäin? Helpolla pääseminen ei kuulu tähän elämään ja ihmisenä olemiseen. Kaikilla on vaikeaa ja hankalaa, mutta ei se ole itse tarkoitus. Eikä sietäminenkään. Kyllä se on rakastaminen. Se häpeä on kuin home, kaiken se myrkyttää ja pilaa. Polttaminen oli todella hyvä ilmaisu, niin ehkä pitäisi tehdäkin.

Älä ajattele, että kaikilla kiehuu koneet samalla tavalla. Ei kaikki miehet rakasta samalla tavalla. Hierojan ammatti voi olla joidenkin mielestä kadehdittavaa, on myös saatava luottamus asiakkailta ja heidän kumppaneiltaan. Yrittäminen ei nykyisin kannata, ammatinharjoittaminen on ammatillisesti helpompaa ja rahaa tulee jos tulee. Hieroja ei pysty ohjailemaan ihmisten käyttäytymistä. Vähän aikaa kokeillaan jotain, mutta sitten luetaan jotain virallisen YHL:n näkemystä ja uskotaan valkotakkista turvallisuutta.

Tunnen itseni avuttomaksi. Pystyn kyllä auttamaan muutamia. Eräs väsynyt keski-ikäinen, jonka pitäisi levätä, lähti salille pyöräilemään. Painoa pudottamaan, mutta polvi kipeytyi. Puhuin hiilihydraattien vähentämisestä, mutta hän vannoo, ettei spelt-vehnä ole sama asia. Sain taas kivut pois, mutta tiedän niiden palaavan. Toivottavasti etelässä ei tarvitse lingota lunta, selkäni ei pidä siitä. Yritä ajatella juhannusta, lumet sulaa kyllä pois. Ajattele, että sinulle maksetaan palkkaa työstäsi. Lopeta turha

ajattelu, olet virkakoneiston alapäässä, minä vielä alem-
pana. Mutta kestetään,

Viljami

Tavoistaan poiketen Viljami piti nettiä auki illallakin ja hy-
kerteli mielissään, kun Aurora oli pikaisesti vastannut.

Hei Viljami,

*kiitos höykytyksestä. Piti ihan miettiä. Minäkin tiedän mitä
he edustavat, tavallaan sitä samaa kuin sinäkin, eli hi-
dasta ja rauhallista ja turvallista elämää. Minä edustan
muutosta ja siihen suostumista. Anoppi näkee lapsen tur-
vattomuuden kuten minäkin, mutta ymmärtää sen eri ta-
valla. Hänen mielestään puitteet eivät ole kunnossa. Mi-
nun mielestäni lapsi on turvaton, kun elämässä pitää
mennä eteenpäin, kasvaa isommaksi, ja poikaa pelottaa.
Mielestäni lapsi tarvitsee keinoja kasvaa ja ottaa uutta
vastaan, ei sohvaa, johon juurtua ja jähmettyä tuleen ma-
kaamaan. Olet oikeassa, materia ei tosiaan ole ratkaisu.
Palamaan vaan kaikki se, mitä kotiin ja sohvaan liittyy. Pi-
tää jaksaa niitä lapsia ja sitä ennen pitäisi jaksaa itseään,*

ei turhia töitä eikä sitä, mitä muut ajattelevat. Kiitos,

Aurora

Pieninä palasina maailmalla

Keikkabussissa oli tullut vietettyä eräs osa elämästä vallan, Kähkönen itse useimmin ratissa, kun pystyi tahdonvoimalla pysymään hereillä niin pitkään kuin halusi – jalo taito, jota ei kaikilla olekaan. Tanssilavoilla pitkin maita ja mantuja tuli kierrettyä ja nähtyä kaikenlaista. Kaikki se oli arvokasta oppia ihmisyydestä yleensä. Maalla kasvanut poika varttui mieheksi melkoisessa umpiossa, joka oli suppeudessaan toisaalta turvallinen, mutta väliin ahdistavakin. Muista umpioista sitä sitten näkikin jotakin, kun lavoja kiersi. Soittajathan olivat selvistä päin, ainakin noin suurin piirtein, ja kuski ainakin

Siinä sitä sai sitten katsella kansalaisten ilonpitoa – oli se sitten välillä miellyttävää tai ei. Aina mahtui väliin puukonheiluttajia, ja samalla tavalla asiaan kuului alkoholi. Toisille se sopii ja toisille ei, toiset sitä osaavat käyttää ja toiset eivät. Keikalla Viljami oli silloinkin, kun kuopus syntyi – peijaisissa. Esikoinen otti kotona puhelun vastaan ja polki kylille tietoa isälle tuomaan. Peijaiset kääntyivät yllättäen varpajaisiksi!

Elämän moninaisuuteen keikkaillessaan tutustuttuaan Viljami osasi olla avoimempi ihmisille, jotka hänen vastanotollaan kirjavine ongelmineen poikkesivat. Ihan periaatteesta Viljami pyrki saarnaamista välttämään, se kun ei oikein asiaan kuulu siinä tilanteessa. Ihmiset rentoutuvat käsittelyn aikana ja monille se on ainoa paikka pysähtyä ja rauhoittua, luovuttaa tietoisuudestaan hetkeksi ja antautua kaartelemaan kehonsa reunamilla.

Kuitenkin, jos ihmiset aloittivat puheen ja jotakin kysyivät, kyllä Viljami parhaan ymmärryksensä mukaan vastasi. Liian kärkevä ei auttanut olla, vaikka monasti tuntuikin, että ihmiset heittävät kallisarvoisen elämänsä kankkulan kaivoon. Viljami kävi kirjeenvaihtoa erään oppilaansa kanssa ja tämän innokkuus puuttua ihmisten elämään ja saada muutosta aikaiseksi oikein ärsytti. Onhan se hyvä oivalluksiaan esittää, ehkä ihmiset saavat aikanaan kiinni hännän päästä, mitä potilaidensa elämää mestaroiva tarkoittaa, mutta Viljami pitkän kokemuksensa turvin ymmärsi jo, että ihmiset eivät kovin halukkaasti muuta elämäänsä, vaikka tietäisivät tasan tarkkaan, mikä mättää.

Ihmiset takertuvat menneeseen, tuttuun ja turvalliseen kynsin ja hampain, ja se näkyy sitten kehossa. Aika monetkin opettajat, hän tuumi, eivät eläneet opetustensa mukaan, eivätkä itse vaatineet itseltään sitä, mitä asiakailleen neuvoivat. Kuten vaikka ruokavaliota, liikuntaohjelmia tai rasittavien ihmisten elämästä pois siivoamista – herran jestas. Aika kova saa olla, että noin vain lykkää vanhempansa tai sisaruksensa kuvaannollisesti mieron tielle, vaikka suhteet eivät priimaa olisikaan.

Kokemus oli Viljamillakin potilaana olosta. Erään kerran keikalla iski pahanlaatuinen vatsakatarri häneen ja hän siellä salin puolella sitten muiden aterioidessa istui naama vihreänä penkillä. Eräs lapsi erkaantui juhlaväestä ja katseli häntä uteliaana pää kallellaan ja tokaisi sitten, että "Miksei setä syö?" ja Viljami hänelle yhtä ykskantaan sanoi, että "Ei setälle nyt maita kun on vatsa kipeänä".

Tyttö kallisti päätään toiselle puolelle ja kysyi, että "Saako setää auttaa?" ja Kähkönen sitä kovin kummeksui, pohti hetken että mitähän tuo lapsukainen osaisi asialle tehdä, mutta nyökkäsi sitten ja niin lapsi tuli, piti kättään vatsalla hetken ja sitten siirsi jotakin käsiensä välissä sivuun. Kuin ihmeen kautta Kähkönen tunsi olevansa terve kuin pukki. Kiitti toki lapsukaista laupiaasta teosta, mutta ihmetteli vielä vuosienkin kuluttua, kuinka toisilla taipumukset ovat käytössä ilman erillistä opastusta aivan pienestä saakka.

Toisinaan hieroessaan Viljami kyllä itsekin tunsi, missä hoidettavan kipu tuntui, omassa kehossaan ja osasi siten kohdistaa hoidot juuri sinne. Asiaa on vaikeaa selittää eikä se jokaisen kohdalla niin käykään, mutta toisinaan siitä on hyötyäkin. Monet ovat varsin vähäsanaisia ja menevät mykäksi kuin suuremmankin herran edessä, eikä paljonkaan saa irti sitten oireista. Ja toisinaan asiakkaat ovat niin tottuneita kipuihinsa ja surkeuteensa, että niiden eritteleminen kävisi työstä ja vaatisi pidemmän ajan kuin Kähkösen vastanottoaika sallisi.

Muuankin mies oli sellainen, että soitti ja äänestä kuuli jo puhelimessa, että tuskat olivat hirveät. Viljami antoi ajan, mies tuli ja niin käytiin kahvien kautta työhön. Kun Viljami sitten kysyi, missä pahimmat oireet tuntuivat, mies vain epämääräisesti puhui selästään. Kävelyn perusteella olisi voinut arvioida että jaloissa ei enää veri hyvin kiertänyt hermopuristusten jäljiltä ja että ankara ruumiillinen työ oli vienyt varmasti ainakin niskat, ehkä myös alaselän lähes rappeumien partaalle. Koskiessaan mieheen alkoi hienoinen jomotus tuntua ensin lapaluiden välissä, hartioilla ja kun sieltä saatiin muutama ankara jumi hoidettua, alkoivat jalat säteillä ja tykyttää niin, että haamusärkyinäkin Viljami ymmärsi miehen vaitonaisuuden ja äreyden.

Kivut olivat niin pitkäaikaisia, kroonistuneita, että mies ei, varsinkaan vahvemmalla kivunsietokyvyllä, enää edes noteerannut niitä nyansseja, joiden avulla Viljami taas suunnisti ja miehen jaloista sai pahimpia lukkoja vapauteltua. Esimerkiksi yksi reisilihas oli kokonaan väärällä puolella lonkkaniveltä ja jalkapöydät jumittuneet korkeiksi holveiksi, aivan kuin olisi ollut korkokengät jalassa. Ei mikään ihme, ettei oikein työnteko luistanut. Kertahoidolla ei tästäkään lukkiutumasta selvitty. Kiitollinen vaimo parin hoitokerran jälkeen lähetti Kähköselle kiitoslahjankin, kun miehen voimat pikku hiljaa alkoivat palautua ja äreä mies lientyä töissään toimivaksi ja sitä kautta ehkä parisuhdekin parani.

Viljami oli itse muokannut menetelmänsä harjoiteltuaan

erilaisten taitajien opissa, hierojien ja parantajien ja jä-
senkorjaajien. Periaatteitaan olivat, että satuttaa ei saa-
nut, aktiivivaiheen syöpiä ei hoideta, eikä luiseen rankaan
kosketa. Todisteena menetelmänsä oikeutuksesta ja oi-
vallisuudesta hänellä oli nyt jo taakse päin katsottuna pa-
rinkymmenen vuoden ajalta ahkerasti luistava praktiikka,
mitähän eläkkeelle jäämisestä oikein tulisi? Joitakin poti-
laitaan Viljami johdatteli oppilailleen, kun arveli heidän
erilaisesta hoitosuhteesta ja -otteesta hyötyvän. Silti eri-
näisiä pitkän matkan hoitoketjuja hänellä oli ja jatkuvasti
tuli uusiakin asiakkaita.

Totta kai hän näki nykyään jo paremmin suoraan käve-
lystä tai asennosta, missä lihakset ovat väärillä paikoil-
laan. Hän tunsi näpeissään ja tosiaan kuin vuokaavioina
näki päässään anatomian kirjan lihaksistokuvat, miten li-
hakset saataisiin aseteltua paikoilleen. "Julmasti tuolla..
Tosta noin.. Mä jo luulin ettei se suostu. Mutta no no! Tuli-
han se sieltä! Kyllä tämä tästä!" Hän enemminkin itsek-
seen mutisten teki työtään ja sai kuin saikin ihmisen ve-
nymään, oikenemaan ja joustamaan paremmin, kuin ai-
kaisemmin. Monella paikkakunnalla käydään ensin pai-
kallisella näyttämässä ja vasta, jos ei hän saa kropasta ja

kivuista tolkkua, mennään lääkärin arvioitavaksi.

Sinänsä kansanlääkinnän arvostus ei ole muuttunut mik-
sikään ja toisaalta lääkärien ylpeys sekä hinku kajota ke-
hoon saavat ihmiset epäluuloiseksi. Ei kai sitä kukaan va-
paaehtoisesti puukkoa nahkoihinsa ota? Viljami oli itsekin
muutaman kerran joutunut kirurgin kynsiin ja koki nyky-
ään kiinnikkeiden rajusti vääntävän etenkin vatsaonte-
lossa ryhtiä huonoksi.

Vieraantuneita omasta kehostaan, ihmiset nykyään, kun
arvostetaan tietoa ja opiskelua ja tietokoneita. Ruumiilli-
nen työ piti ihmiset tiukasti kehoissaan kiinni ja yhtey-
dessä maan magneettikenttään. Nykyään jotenkin ihmi-
set eivät tosiaan huomanneet edes kipujaan, ennen kuin
olivat lähes liikuntakyvyttömiä. Vaikka jokaisen ihmisen
tärkein työkalu oli oma itse, sen tarpeet sysättiin syrjään
kovin heppoisesti. Selkä vääränä tehtiin työtä, niskat li-
massa ja jumissa painetaan hommia, tietokoneella näp-
päillään ranteet ja kyynärpäät niin jumiin ettei koko keho
enää toimi. Vaikka se tuntui Viljamista jälkeenpäin ajatel-
tuna uskomattomalta, samanlainenhan hän oli itsekin ai-
kanaan.

Kova oli ravistelu, julma herätys ja raju elämänmuutos, että hänkin muutti kurssiaan. Näin ollen hän ymmärsi kyllä toistenkin vastahakoisuuden suuria linjavetoja kohtaan. Ihmiset tarvitsivat sen aikansa, rauhansa ja oikea-aikaisen ohjauksen voidakseen rakentaa elämänsä, usein, aivan toisenlaisten tolppien, arvojen ja ihmisten varaan. Joskus sitä kai vain on niin syvällä suossa ihmissuhdeviidakossa, kun on antanut kaikessa periksi, joustanut ja venynyt, että oman tilan raivaaminen ei käy niin vain. Ilman, että sillat poltetaan kokonaan. Sivusta seuranneena Viljami toivoi joskus, että kasvukivut olisivat ihmisille helpompia, mutta kriisithän ne täällä ihmisiä kasvattavat.

© 2017 Essi Paulamäki
Kustantaja: BoD – Books on Demand, Helsinki, Suomi
Valmistaja: BoD – Books on Demand, Norderstedt, Saksa
ISBN: 978-952-339-662-3